Lucretia

Sammlung ratio
Heft 17

Lesebuch Latein

Abiturtraining 2

bearbeitet von
Christian Engel, Michael Lobe und Christian Zitzl

C. C. BUCHNER VERLAG

Sammlung ratio
Die Klassiker der lateinischen Schullektüre
Herausgegeben von Michael Lobe

Heft 17: Lesebuch Latein. Abiturtraining 2
wurde bearbeitet von Christian Engel, Michael Lobe und Christian Zitzl

1. Auflage, 2. Druck 2019
Alle Drucke dieser Auflage sind, weil untereinander unverändert, nebeneinander benutzbar.

Dieses Werk folgt der reformierten Rechtschreibung und Zeichensetzung. Ausnahmen bilden Texte, bei denen künstlerische, philologische oder lizenzrechtliche Gründe einer Änderung entgegenstehen.

Redaktion: Barbara Szlagor
Gestaltung: ideen.manufaktur, Bochum
Druck und Bindung: creo Druck und Medienservice GmbH, Bamberg

www.ccbuchner.de

ISBN 978-3-7661-**7797**-1

Inhaltsverzeichnis

Vorwort ... 4

1. Augustus: Wortschatz und Grammatik ... 5
2. Vergil: Wortschatz und Grammatik ... 6
3. Vergil: Kompetenztraining ... 13
4. Horaz und Ovid: Wortschatz und Grammatik ... 15
5. Horaz und Ovid: Kompetenztraining ... 16
6. Livius: Wortschatz und Grammatik ... 17
7. Livius: Kompetenztraining ... 25
8. Cicero: Wortschatz und Grammatik ... 27
9. Cicero: Kompetenztraining ... 40

Beispiel für eine Abituraufgabe ... 42

Synopse: „Abiturtraining",„Aurea aetas" und „Lebens(t)raum Staat" ... 48

Grammatikregister

Vorwort

Wozu dient dieses Oberstufen-Arbeitsheft?

Die Konzeption dieses Übungsheftes ist darauf ausgelegt, dass Sie sich mit seiner Hilfe gezielt und schrittweise auf das schriftliche bzw. mündliche Abitur in Latein vorbereiten können. Es soll Ihnen Sicherheit und das gute Gefühl geben, bestmöglich vorbereitet in die Prüfungen zu gehen - indem Sie anhand dieses Heftes die von Ihnen verlangten Fähigkeiten und Kompetenzen durch zahlreiche abiturtypische Aufgabenstellungen und Zusatztexte zu den relevanten Prüfungsautoren einüben. Selbstverständlich unterstützt Sie das Trainingsheft wie gewohnt auch darin, sich auf die einzelnen Unterrichtsstunden bzw. die Klausuren der letzten beiden Semester vor dem Abitur vorzubereiten.
Und nicht zuletzt: Zusammen mit dem ersten Trainingsheft besitzen Sie eine Zusammenstellung aller wesentlichen lateinischen Grammatikphänomene - durch konkrete Beispiele leicht verständlich erklärt und über das Register gezielt und einfach zu erschließen.

Wie ist das Arbeitsheft aufgebaut?

In der Reihenfolge des ratio-Lesebuches 2 finden Sie eine auf jedes Buchkapitel zugeschnittene Übungseinheit in immer der gleichen **dreigeteilten Reihenfolge:** Im **ersten Abschnitt** jeder Übungseinheit wird der **Lernwortschatz für das jeweilige Kapitel** in verschiedenen Übungsformen eingeübt und gefestigt. Der **zweite Abschnitt** stellt **die für das jeweilige Kapitel besonders relevante Grammatik** dar, knapp und an Beispielen sofort nachvollziehbar erläutert. Der **dritte Abschnitt** besteht aus überschaubaren **Texten** zur Einübung dieser Grammatikphänomene, die zudem **wesentliche Inhalte des Originaltextes** wiedergeben. Wenn Sie eine solche Übungseinheit durcharbeiten, dürfte Sie die Übersetzung des Originaltextes vor keine größeren Probleme mehr stellen: Schließlich ist der Wortschatz nun größtenteils gesichert, schwierige Grammatikphänomene sind wiederholt und eingeübt, und auch inhaltlich wissen Sie bereits über wesentliche Aspekte des Textes Bescheid. Die durch diese **Vorentlastung** gewonnene Zeit kann nun in die detaillierte Beschäftigung mit den Texten und ihre eingehende Deutung investiert werden. Wenn Sie regelmäßig jedes Kapitel so vorbereiten, profitieren Sie nicht nur für die konkrete Unterrichtssituation, sondern bauen über die Zeit hin systematisch klausur- und abiturrelevantes Wissen und Problemlösefähigkeiten auf.

Am Ende jeder Einheit über die Autoren Vergil, Horaz, Ovid, Livius und Cicero finden Sie **Spezialseiten**, mit denen Sie klausur- und abiturrelevante Kompetenzfelder wie das **Übersetzen**, die **Interpretation**, den **Übersetzungsvergleich**, die **metrische Analyse**, das **Verknüpfen und Vernetzen abiturrelevanten Wissens** und die **Technik des Paraphrasierens** vertieft einüben können.

Als besonderer Service für Sie ist ein **schriftliches Probe- bzw. Übungsabitur mit Übersetzungstexten und Aufgaben zu allen drei Anforderungsbereichen** mit einer **Musterlösung** beigegeben. Es soll neben der Übungsmöglichkeit unter Realitätsbedingungen v.a. dazu dienen, dass Sie Ihren Lernstand bzw. ihren Lernfortschritt selbst einschätzen können.

Das beigefügte **Lösungsheft** sollten Sie nur zur Selbstkontrolle einsetzen, nachdem Sie die Aufgaben - am besten schriftlich - gelöst haben.

Herausgeber und Autoren wünschen Ihnen viel Freude und Erfolg für das letzte Schuljahr und das Abitur!

1 Augustus: Wortschatz und Grammatik

Text: *Res gestae* 34

W

▸ Übersetzen Sie folgende Wendungen: *potiri rerum – rem publicam in arbitrium senatus transferre – virtutis causa – auctoritate omnibus praestare.*

G **Ablativus mensurae**

Der **Ablativus mensurae** (Ablativ des Maßes) steht v.a bei Komparativen auf die Frage „um wie viel?"

multo facilius	um vieles / viel leichter
nihilo amplius	um nichts mehr

G **Genitivus partitivus**

Der **Genitivus partitivus** (Genitiv des geteilten Ganzen) bezeichnet das Ganze, von dem das übergeordnete Wort einen Teil angibt.

tantum **timoris**	soviel (an) Furcht
amplius **potestatis** habere	mehr (an) Macht besitzen

G **Verschränkter Relativsatz**

Ein **Relativsatz** kann mit einer anderen in ihm enthaltenen Konstruktion, z. B. einer Infinitiv- (AcI, NcI) oder Partizipialkonstruktion, eine enge syntaktische Verbindung eingehen.

Rogo amicum, **quem prudentem esse scio**.

Zunächst wird der Relativsatz als Hauptsatz übersetzt:
Ich weiß, dass dieser klug ist.

Anschließend wird der Hauptsatz übersetzt und der Relativsatz mit „von dem" angehängt:
Ich frage den Freund, von dem ich weiß, dass er klug ist.

Alternativ kann mit einer **Parenthese** übersetzt werden:
Ich frage den Freund, der, **wie ich weiß**, klug ist.

▸ Übersetzen Sie: 1. *Dolor animi multo gravior est quam corporis.* 2. *Paulo maiora suscipiamus!* 3. *Homo stultus nihil sapientiae habet.* 4. *Quid novi sub sole?* 5. *Cicero, quem de re publica meritum esse constat, ab Antonio interfectus est.* 6. *Non omnes homines, quos potentes esse putamus, etiam felices sunt.*

Text 1: *Aen.* 1,1–11

W

- Erschließen Sie die Bedeutung folgender Begriffe und Wendungen: *fato profugus – (ad) litora venire – terris et alto iactari – vi super(or)um – ob iram Iunonis saevae – multa bello pati – condere urbem – numine laeso – tot adire labores.*
- Klären Sie mithilfe eines Wörterbuches die verschiedenen Bedeutungen des Verbs *volvere* und übersetzen Sie folgende Wendungen: *saxa volvere – libros Vergilii volvere – multa animo volvere – casus volvere – anni volvuntur.*

G

Participium coniunctum

Das **Participium coniunctum** ist, wie sein Name sagt, mit einem übergeordneten Nomen verbunden, das meist Subjekt oder Objekt ist. Nicht immer trifft die **wörtliche Übersetzung** bzw. eine **Wiedergabe mit Relativsatz** den rechten Sinn; häufig hilft die **Auflösung des Partizips in einen Adverbialsatz**, der die entsprechende Sinnrichtung – z. B. mithilfe der Subjunktionen nachdem / während / als (temporal), weil (kausal), obwohl (konzessiv) oder wenn (kondizional) – wiedergibt. Außerdem ist bei der Übersetzung das Zeitverhältnis zu beachten: ein **PPA** (*-ns, -ntis* ...) verlangt eine Übersetzung in der gleichen Zeitstufe wie das Prädikat, ein **PPP** *(-tus, -ta, -tum ...)* verlangt eine Zeitstufe davor.

Tu cives **territos** iuvisti.

Hilfsübersetzungen:	Du halfst den erschreckten Bürgern.
	Du halfst den Bürgern, die erschreckt worden waren.
Zielübersetzung:	Nachdem / Weil die Bürger erschreckt worden waren, halfst du ihnen.

Vita tua beate **acta** te non delectat.

Hilfsübersetzungen:	Dein glücklich verbrachtes Leben erfreut dich nicht.
	Dein Leben, das glücklich verbracht wurde, erfreut dich nicht.
Zielübersetzung:	Obwohl dein Leben glücklich verbracht wurde, erfreut es dich nicht.

Puero **peccanti** ignoscendum est.

Hilfsübersetzungen:	Einem einen Fehler machenden Jungen muss man verzeihen.
	Einem Jungen, der einen Fehler macht, muss man verzeihen.
Zielübersetzung:	Wenn ein Junge einen Fehler macht, muss man ihm verzeihen.

G

Ellipse

Die **Ellipse** ist eine Auslassung von Wörtern, die der Leser von sich aus ergänzen muss. Am häufigsten fehlt eine Form von *esse*.

In Italia nullus exercitus (erg. erat).	In Italien befand sich kein Heer.

- Übersetzen Sie: *Aeneas terra marique iactatus Italiam venit. Ibi multa bello passus novam urbem condidit, unde genus Latinum, unde Albani patres, unde moenia altae Romae. Dic, Musa, quid Iunonem deam dolentem impulerit Aeneae tot labores imperare. Tantaene irae deis?*

Text 2: *Aen.* 1,229–283

W

▸ Übersetzen Sie mithilfe eines Wörterbuches folgende Wendungen: *aeternis imperiis regere – tot funera pati – anni volvuntur – aliquem in sceptra reponere – ad sidera caeli ferre – multos annos imperio explere – consilia in melius referre.*

▸ Erschließen Sie mithilfe der Rubrik „Gesprochenes Latein" (→ Lesebuch 1, S. 75) folgende italienischen Wörter, indem Sie das lateinische Ursprungswort angeben: aperto – chiuso – triste – sentenza – cielo – sangue – lavoro – lungo – estate – mese – piacere.

G

Ablativus absolutus

Ablativus absolutus nennt man eine **Verbindung von Substantiv und Partizip**, die beide im Ablativ stehen und vom übrigen Satz losgelöst (absolut) sind, in der deutschen Wiedergabe aber auf den restlichen Satz bezogen werden müssen – z. B. durch Umformung in einen Nebensatz. Steht der Abl. abs. mit **PPA**, herrscht das **Zeitverhältnis der Gleichzeitigkeit** (Hilfsübersetzung „während"). Steht der Abl. abs. mit **PPP**, herrscht das **Zeitverhältnis der Vorzeitigkeit** (Hilfsübersetzung „nachdem").

Philosopho orationem habente mercatores ornamenta vendunt.	Während ein Philosoph eine Rede hält, verkaufen die Händler Schmuck.
Aestate ineunte liberi gaudent / gaudebant.	Während (wenn, weil) der Sommer beginnt / begann, freuen sich / freuten sich die Kinder.
Voluptatem capimus timore sublato.	Lust empfinden wir, nachdem (weil, wenn) die Angst beseitigt worden ist.
Ille vitam beatam non egit cupiditatibus victis.	Jener führte kein glückliches Leben, nachdem (weil, obwohl) er die Begierden besiegt hatte.

G

Relativsätze

Ein **Relativsatz** ist ein mit einem **Relativpronomen** (*qui, quisquis, quicumque*) oder **relativen Adverb** (*ubi, quā, quō*) eingeleiteter Nebensatz, der ein Bezugswort des Hauptsatzes erläutert. Das Relativpronomen richtet sich in Numerus und Genus nach seinem Bezugswort, im Kasus nach seiner Funktion im Nebensatz. Relativsätze stehen meist im Indikativ, im Zusammenhang **mit einem AcI oder NcI im Konjunktiv**, der bei der Übersetzung nicht berücksichtigt werden muss.

Id, quod bonum est, etiam honestum est.	Das, was gut ist, ist auch ehrenvoll.
Quod bonum est, etiam honestum est.	Was gut ist, ist auch ehrenvoll.
Quidquid bonum est, honestum est.	Alles, was gut ist, ist ehrenvoll.
Ubi bene (est), ibi patria (est).	Wo es einem gut geht, dort ist man daheim.
Quidquid bonum sit, honestum esse videtur.	Alles, was gut ist, scheint ehrenvoll zu sein.
Ea, quae bona sint, honesta esse constat.	Es steht fest, dass das, was gut ist, ehrenvoll ist.
Is, cui hoc contingit, laudatur.	Der, dem das gelingt, wird gelobt.
Is, quem quaerimus, ille sapiens est.	Der, den wir suchen, ist jener Weise.
Quae nocent, (ea) docent.	Die Dinge, die schaden, belehren. / Was schadet, belehrt.

▸ Übersetzen Sie und geben Sie die jeweilige Sinnrichtung der Ablativi absoluti wieder: *Venus: „O qui deos regis, Iuppiter, audi preces meas! Parva classis Aeneae est multis navibus amissis. Te patriam novam pollicito Aeneas tamen ab Italia arcetur. Cura eum, cui patriam novam promisisti!" Iuppiter vultu, quo caelum et mare temperat, respondit: „Aeneas tuus urbem novam condet: Romani volventibus annis toti orbi imperabunt."*

Text 3: *Aen.* 1,286–296

W

- Führen Sie folgende Fremdwörter auf ihr lateinisches Ursprungswort zurück: originell - Kaiser - imperial - famos - Orient - Votum - Portal - Prozent.
- Sog. Verba incohativa bezeichnen das Einsetzen einer Handlung und enden auf *-scere*, z. B. *mitescere* mild werden. Übersetzen Sie mithilfe eines Wörterbuches: *dies advesperascit - annus senescit - iam obdormisco - puella erubescit - pueri adolescunt.*

G

Futur I und II

Wenn zwei zukünftige Handlungen miteinander in Beziehung gesetzt werden und die Handlung des Nebensatzes bereits abgeschlossen ist, bevor die Handlung des Hauptsatzes beginnt, steht im Lateinischen im Nebensatz das **Futur II** und im Hauptsatz das **Futur I**.

	a- / e- Konjugation	i- / kons. Konjugation	esse
Futur I	-b-	-e- (1. Pers. Sg. -a-)	ero, eris, ..., erunt
Futur II	Aktiv: Perfektstamm + -ero, -eris, ..., -erint / Passiv: PPP + ero, eris, ..., erunt		

Das Futur II begegnet fast **nur in Nebensätzen** mit ***cum*** (immer wenn) und ***si*** (wenn; falls).
Im Deutschen wird es **mit Perfekt oder Präsens übersetzt**.

Si tu id feceris, tibi adero. — Wenn du das getan hast, werde ich dir helfen.
Si vos redieritis, gaudebo. — Wenn ihr zurückgekehrt seid, werde ich mich freuen.

- Übersetzen Sie: *Iuppiter Veneri filiae futura praedicit: „Nascetur Augustus Caesar, qui imperium Romanum Oceano terminabit. Huius fama usque ad astra perveniet. Quem, si deus factus erit, in caelo accipies. Hic tum precibus hominum vocabitur. Crede mihi: Aspera bella finientur, aurea saecula redibunt. Romani tandem felices erunt."*

Text 4: *Aen.* 4,362–396

W

- Klären Sie die Bedeutung folgender kleiner Wörter: *nusquam - scilicet - equidem - saepe - at - tamen.*
- Erschließen Sie den Infinitiv Präsens und die deutsche Bedeutung folgender PPP-Formen: *aversa - volvens - accensa - victus - eiectum - incensa - amissam - absens.*
- Das Präfix *se-* markiert häufig eine Trennung, z. B. *se-ducere* wegführen oder *se-curus* sorglos. Erschließen Sie die Bedeutung folgender lateinischer Wörter: *separare - seiungere - secedere - secubare - sevocare - seditio.*

G

Satzfragen

Satzfragen werden durch die Fragepartikel *-ne*, *nonne* und *num* eingeleitet

ne lässt die Antwort offen (ja oder nein):

Audisne? — Hörst du?

nonne wird verwendet, wenn ein Ja als Antwort erwartet wird:
Nonne canis lupo similis est? — Ist der Hund nicht dem Wolf ähnlich?

num wird verwendet, wenn ein Nein als Antwort erwartet wird:
Num mundus casu effectus est? — Ist die Welt etwa aus Zufall entstanden?

G **Deponentia**

Deponentia haben passive Form, aber aktive Bedeutung. Im Zweifelsfall müssen Sie deshalb im Wörterbuch nachschlagen, ob es sich um ein Deponens (die im Wörterbuch angegebene 1. Pers. Sg. Präs. endet auf *-or*) oder ein normales Verb (die im Wörterbuch angegebene 1. Pers. Sg. Präs. endet auf *-o*) handelt. Wie von normalen Verben, können auch von den Deponentien **Partizipien** und **nd-Formen** gebildet werden.

Sequitur, ut clamor factus sit.	Es folgt, dass Geschrei erhoben wurde.
Vereor, ne dei irascantur.	Ich fürchte, dass die Götter zornig sind.
Deos nihil curare ratus Epicurus eos non veretur.	Weil er meint (In der Meinung), dass die Götter sich um nichts kümmern, fürchtet sie Epikur nicht.
Rationem sequens beate vives.	Wenn du der Vernunft folgst, wirst du glücklich leben.
Dolores tibi patiendi erunt.	Du wirst Schmerzen aushalten müssen.
Sequere me!	Folge mir!
Sequimini me!	Folgt mir!
Me sequendo felix eris.	Indem / dadurch, dass du mir folgst, wirst du glücklich sein.
Me sequens / secutus felix eris.	Wenn du mir folgst / gefolgt bist, wirst du glücklich sein.

G **Infinitiv Futur**

Der **Infinitiv im Futur** zeigt im AcI die Nachzeitigkeit an:

Scio te **venturum esse**.	Ich weiß, dass du kommen wirst.
Scio vos **adfuturos esse (adfore)**.	Ich weiß, dass ihr da sein werdet.

▶ Übersetzen Sie: *Dido dolore ac ira accensa Aeneam adloquitur: „Perfide, visne me sic relinquere? Nonne te familiariter accepi? Num fletu meo moveris? I, sequere Italiam per mare! Spero te navi fracta nomen meum saepe vocaturum esse." Frustra Aeneas dolorem Didonis solando lenire temptabat.*

Text 5: *Aen.* 6,456–476

W

▶ Erschließen Sie mithilfe eines Wörterbuches folgende Wendungen: *ferro extremum sequi – per sidera et deos iurare – se aspectu(i) subtrahere – oculos solo fixos tenere – respondere curis alicuius – aequare amorem alicuius – lacrimis longe prosequi aliquem.*

▶ Römische Dichter gebrauchen statt eines Adverbs bisweilen ein Adjektiv im Neutrum, z. B. *dulce ridere* statt *dulciter ridere*. Übersetzen Sie: *torva tueri – acutum cernere – immane clamare – indoctum canere.*

G **Funktionen des Perfekts und Imperfekts**

Das **Imperfekt** bezeichnet

- eine nicht abgeschlossene und andauernde Handlung (durativ),
- eine immer wiederkehrende Handlung (iterativ) oder
- eine versuchte Handlung (konativ).

Das **Perfekt** dagegen bezeichnet eine vergangene und abgeschlossene Handlung.

Gladiatores diu pugnabant.	Die Gladiatoren kämpften lange Zeit.
Iterum atque iterum se vulnerabant.	Immer wieder verwundeten sie sich.
Unus ex eis cecidit; surgebat.	Einer von ihnen stürzte; er versuchte aufzustehen.

G

Accusativus Graecus

Den **Accusativus Graecus** gebrauchen v.a. Dichter, um eine Beziehung vom mediopassivisch gebrauchten Verb zum Akkusativobjekt anzuzeigen. (Hilfsübersetzung „in Bezug auf")

Dido **vultum** non movetur. — Dido bewegt sich in Bezug auf ihre Miene nicht. / Dido bewegt ihre Miene nicht.

▶ Bestimmen Sie die jeweilige Funktion der Tempora und übersetzen Sie: *Aeneas Didonem a se cedentem retinere temptabat. Sed frustra eam dictis lenibat lacrimasque ciebat. Illa vultum non movebatur; tacebat tenebatque oculos solo fixos. Tum se corripuit et procul fugit.*

Text 6: *Aen.* 6,788–805

W

▶ Übersetzen Sie: 1. *Augustus saecula aurea rursus condet.* 2. *Saturnus deus quondam per Italiam regnabat.* 3. *Augustus imperium super multas terras proferet.* 4. *Atlas orbem terrarum umeris torquet.* 5. *Hercules non tantum telluris obi(v)it quantum Augustus.*

G

Partizip Futur Aktiv

Neben dem PPP und PPA (→ S. 6) gibt es das **Partizip Futur Aktiv (PFA)**:

PPP **lauda- tus, a, um**	PPA **lauda- ns, ntis**	PFA **lauda- turus, a, um**
einer, der gelobt worden ist	einer, der lobt	einer, der loben wird / will
vorzeitig	gleichzeitig	nachzeitig

Das PFA gibt als **Participium coniunctum** eine Absicht oder einen Grund an, gibt als **Prädikatsnomen** an, dass eine zukünftige Handlung bereits beginnt, und bildet in Verbindung mit *esse* den **Infinitiv Futur Aktiv**.

Mors venit me vocatura. — Der Tod kommt, um mich zu rufen.
Morbus me aggressurus est / erat. — Die Krankheit wird (will) / wollte mich angreifen.
Scio mortem me vocaturam esse. — Ich weiß, dass der Tod mich rufen wird / will.
Amicus mox adfuturus esse dicitur. — Man sagt, dass mein Freund bald da sein wird.

G

licet mit Konjunktiv

Das unpersönlich gebrauchte Verb ***licet*** (es ist erlaubt) weist in Verbindung mit einem **Konjunktiv Präsens** oder **Konjunktiv Perfekt** auf eine konzessive Aussage hin.

Licet fleas, tamen abibo. — Magst du auch weinen, ich werde dennoch weggehen.
Licet fleveris, tamen abii. — Magst du auch geweint haben, ich bin dennoch weggegangen.

▶ Übersetzen Sie: *Videsne Augustum post mortem in caelum venturum? Is semper deos colebat in caelum venturus. Licet pericula undiqe eum circumvenerint, tamen non timuit. Saepe dixit: „Pericula licet immineant, ea fortiter feram."*

Text 7: *Aen.* 6,847-853

W

- Anchises, der Vater des Äneas, beschreibt im Text griechische Künste. Übersetzen Sie treffend die lateinischen Wendungen: Bronzegießerei: *spirantia aera excudere*; Skulptur: *vivos vultus de marmore ducere*; Rhetorik: *causas orare*; Astronomie: *meatus caeli radio describere – surgentia sidera dicere.*

G

Steigerung der Adverbien

Neben unveränderlichen **Adverbien** (z. B. *semper, nunc*) kann man **Adverbien von Adjektiven** bilden:
Bei Adjektiven der *a*- und *o*-Deklination fügt man an den Wortstamm die Endung ***-e*** an.
Bei Adjektiven der 3. Deklination fügt man an den Wortstamm die Endung ***-iter*** bzw. nur ***-er*** an, wenn der Wortstamm auf *-nt* endet. Der **Komparativ** aller Adverbien wird auf ***-ius*** gebildet, der **Superlativ** in der Regel auf ***-issime***.

Mei servi bene laborant.	Meine Sklaven arbeiten gut.
Tui servi melius laborant.	Deine Sklaven arbeiten besser / ziemlich gut.
Servi eius optime laborant.	Seine Sklaven arbeiten am besten / sehr gut.
Ego pertinaciter studeo.	Ich bemühe mich beharrlich.
Tu pertinacius studes.	Du bemühst dich beharrlicher / ziemlich beharrlich.
Lucilius pertinacissime studet.	Lucilius bemüht sich am beharrlichsten / sehr beharrlich.

- Übersetzen Sie: *Anchises: „Audi, Aeneas! Excudent alii mollius aera, orabunt causas melius. At Romani iustius populos regent pacemque pertinaciter servabunt. At pertinacissime superbos debellabunt."*

Text 8: *Aen.* 8,675-700

W

- Erläutern Sie die jeweilige Besonderheit der Dichtersprache aus dem Text: *classis* (V. 1) – *dis* (V. 5) – *viris* (V. 13) – *montis* (V. 18) – *deum* (V. 24).
- Übersetzen Sie folgende Wendungen: *parte alia – dis secundis – ventis secundis – agmen agere – navibus alta petere.*
- Erklären Sie, um welche Sonderform eines Verbs es sich bei *rubescere* (V. 21) handelt.
- Übersetzen Sie mithilfe eines Wörterbuches die Begriffe *volatile ferrum* (V. 20) und *arva Neptunia* (V. 21) wörtlich und erläutern Sie an diesen Beispielen die Eigentümlichkeit poetischer Sprache.

G

Historischer Infinitiv

Der **historische Infinitiv** wird zur lebhaften Darstellung von Vorgängen der Vergangenheit gebraucht. Da dieser Infinitiv das finite Verb ersetzt, muss das **Subjekt aus dem Kontext ergänzt** werden. Auch wenn der Infinitiv **im Lateinischen im Präsens** steht, muss er als Vergangenheit übersetzt werden.

Iugurtha pollens viribus erat. Equitare, iaculari, cursu certare.	Jugurtha war körperlich stark. Er ritt, warf Speer und lief um die Wette.

G Potentialis

Der **Potentialis** drückt eine Möglichkeit (*posse*) aus. Man unterscheidet zwischen dem Potentialis der Gegenwart, der im **Konjunktiv Präsens bzw. Perfekt** ausgedrückt wird, und dem Potentialis der Vergangenheit, der im **Konjunktiv Imperfekt** wiedergegeben wird:

Hic dicat / dixerit aliquis.	Hier könnte / dürfte einer wohl sagen.
Putares iam aestatem esse.	Du hättest / man hätte glauben können, es sei schon Sommer.

- Übersetzen Sie: *Augustus et Agrippa classem contra naves Antoni et Cleopatrae instituunt. Signo dato subito omnes naves ruere, totum mare spumare. Ingenti vi classes inimicae colliduntur – credas medio in mari montes montibus concurrere. Tum victoriam celerem Augusti videres.*

Text 9: *Aen.* 12,930–952

W

- Übersetzen Sie folgende Wendungen: *suppliciter oculos ad victorem protendere – dextram precantem ad victorem protendere – corpus lumine spoliare – oculis monumentum haurire.*
- Übersetzen und unterscheiden Sie: 1. *Romulus urbem condidit.* 2. *Augustus aurea saecula rursus condet.* 3. *Aeneas gladium sub pectore Turni condidit.*
- Unterscheiden Sie zwischen konkreter und übertragener Bedeutung: *manus ad caelum tendere* ↔ *ulterius* (zu weit) *odio tendere – aquam haurire* ↔ *oculis aliquid haurire – viam flectere* ↔ *aliquem sermone flectere.*

G Deponentia → S. 9

G Prohibitiv

Der Prohibitiv ist der verneinte Imperativ und wird auf zweierlei Weise ausgedrückt:

Ne clamaveris / clamaveritis!	Schrei nicht / Schreit nicht! (*ne* + Konj. Perf. 2. Pers. Sg. / Pl.)
Noli / nolite clamare!	Schrei nicht! / Schreit nicht! (Imperativ von *nolle* + Infinitiv)

Bei Vergil findet sich eine umgangssprachliche Mischform:

Ne subtrahe te!	Entzieh dich nicht! (*ne* + Imperativ)

- Übersetzen Sie: *Turnus victus ad Aeneam victorem: „Utere fortuna tua! Sed miserere patris mei! Ne tetenderis / Ne tende ulterius odio tuo! Nam omnes viderunt me a te victum esse."*

Übersetzen

1. **Vergil, *Aeneis* 1,378–400 m. Ausl.**

Äneas ist mit einem Rest seiner Schiffe gerade einem Seesturm entkommen. An die Küste Afrikas, in die Nähe der von der Königin Dido gegründeten Stadt Karthago verschlagen, versucht er das ihm unbekannte Land zu erkunden. Da tritt ihm in Gestalt einer jugendlichen Jägerin seine Mutter Venus entgegen. Äneas erkennt sie nicht und erklärt ihr deshalb, wer er ist.

„Sum pius Aeneas, raptos qui ex hoste Penates
classe veho mecum, fama super aethera notus.
Italiam quaero patriam et genus ab Iove summo.
Bis denis Phrygium conscendi navibus aequor
– matre dea monstrante viam – data fata secutus.
Vix septem convulsae undis Euroque supersunt.
Ipse ignotus, egens Libyae deserta peragro
Europa atque Asia pulsus.“

genus ~ ortus sum
bis dēnīs ~ viginti
vix septem (nāvēs)
convellere, -vellō -vellī, -vulsum *hier:* entreißen

Venus antwortet ihrem Sohn:

„Perge modo atque hinc te reginae ad limina perfer!
Aspice bis senos laetantes agmine cycnos!
Haud aliter puppesque tuae pubesque tuorum
aut portum tenet aut pleno subit ostia velo.
Perge modo et, qua te ducit via, dirige gressum!“

bis sēnōs ~ duodecim
pūbēs *hier:* Mannschaft
ōstia (portūs)
quā *hier:* wohin

2. **Vergil, *Aeneis* 2,285–302 m. Ausl.**

Blutverschmiert und von Schmutz starrend erscheint Hektor Äneas im Traum. Dieser spricht ihn mit folgenden Worten an:

„[…] Quae causa indigna serenos
foedavit vultus? Aut cur haec vulnera cerno?“
Ille nihil nec me quaerentem vana moratur,
sed graviter gemitus imo de pectore ducens
„Heu fuge, nate dea, teque his“, ait, „eripe flammis!
Hostis habet muros. Ruit alto a culmine Troia.
Sat patriae Priamoque datum: Si Pergama dextra
defendi possent, etiam hac defensa fuissent.
Sacra suosque tibi commendat Troia Penates.
Hos cape fatorum comites, his moenia quaere,
magna pererrato statues quae denique ponto!“
Sic ait et manibus vittas Vestamque potentem
aeternumque adytis effert penetralibus ignem.
Diverso interea miscentur moenia luctu. […]
Clarescunt sonitus armorumque ingruit horror.
Excutior somno …

nihil (respondet)
vāna, ōrum n Pl.: sinnloses Zeug
culmen, inis n: Gipfel
Pergama, ōrum n Pl.: Troja
K. quae magna dēnique statuēs …
adyta penetrālia n Pl.: das Allerheiligste des Tempels

▶ Übersetzen Sie die Texte mithilfe Ihres Wörterbuches. Wenden Sie als Übersetzungshilfe Methoden der Satzanalyse an (→ Lesebuch, S. 20f.)

Interpretieren

Vergil, *Aeneis* 6,388–404

Zusammen mit der Sybille von Cumae steigt Äneas in die Unterwelt hinab. Charon will sie aufhalten:

„Quisquis es, armatus qui nostra ad flumina tendis,
fare age, quid venias, iam istinc et comprime gressum!
Umbrarum hic locus est, somni noctisque soporae:
Corpora viva nefas Stygia vectare carina.
Nec vero Alciden me sum laetatus euntem
accepisse lacu nec Thesea Pirithoumque.“
Quae contra breviter fata est Amphrysia vates:
„Nullae hic insidiae tales - Absiste moveri! -
nec vim tela ferunt. Licet ingens ianitor antro
aeternum latrans exsangues terreat umbras,
casta licet patrui servet Proserpina limen.
Troius Aeneas, pietate insignis et armis,
ad genitorem imas Erebi descendit ad umbras.“

„Wer auch immer du bist, der du bewaffnet zu meinem Fluss willst, sag schon, warum du kommst, und verschwinde dann schleunigst von hier! Hier ist der Ort der Schatten, des Traums und der Schlaf bringenden Nacht: Es ist nicht erlaubt, Lebende auf meinem Unterweltboot zu fahren. Ich habe mich wirklich weder gefreut, Herkules unterwegs auf meinem See gefahren zu haben noch Theseus und Pirithous." Dagegen hat die Amphrysische Seherin (die Sybille) knapp geantwortet: „Es gibt hier keine solchen Tricks - nur die Ruhe! - und auch die Waffen bringen keine Gewalt. Der riesige Türhüter kann auf ewig der Höhle zubellen und damit die blutleeren Schatten erschrecken, Proserpina kann keusch das Haus ihres Onkels hüten. Der Trojaner Äneas, berühmt für seine Frömmigkeit und seine Waffen, steigt zu seinem Vater hinab ganz tief zu den Schatten des Erebos."
(Übersetzung: C. Zitzl)

- ▶ Interpretieren Sie ausgehend vom lateinischen Original den Text nach dem Muster von S. 28f. im Lesebuch.
- ▶ Fertigen Sie eine metrische Analyse der ersten drei Verse an (→ Lesebuch, S. 16f.).

Übersetzungen vergleichen

Vergil, *Aeneis* 7,5–9

At pius exsequiis Aeneas rite solutis,
aggere composito tumuli, postquam alta quierunt
aequora, tendit iter velis portumque relinquit.
Aspirant aurae in noctem nec candida cursus
luna negat, splendet tremulo sub lumine pontus.

Übersetzung 1: E. Binder / G. Binder, Stuttgart 2001

Gewissenhaft vollzog Aeneas die Bestattung nach dem Brauch, häufte den Erdhügel des Grabes auf, und als dann die tiefen Fluten zur Ruhe gekommen, setzt er die Segel zum Start und verlässt den Hafen. Es blasen die Lüfte bis in die Nacht, auch ein strahlender Mond begünstigt die Fahrt, unter glitzerndem Licht schimmert das Meer.

Übersetzung 2: R. A. Schröder, Frankfurt am Main 1952

Als er nun aber die verordneten Weihen erstattet, / und ihr den Hügel gehäuft, lässt unverzüglich Aeneas / Segel setzen und sticht in See bei ruhigem Wasser. / Glücklicher Segelwind haucht nachtwärts, gnädig geleitet / Luna die Fahrt: im Licht des Vollmonds flimmert die Weite.

- ▶ Analysieren Sie die Übersetzungen, indem sie diese mit dem Originaltext und untereinander vergleichen (→ Lesebuch, Bd. 1, S. 40f.).

Text 2: *Carm.* 4,15

W

- Übersetzen Sie mithilfe eines Wörterbuches folgende Wendungen: *vela dare – frena inicere alicui – artes revocare – edicta rumpere – deos rite adprecari.*
- Führen Sie folgende Fremdwörter auf ihr lateinisches Ursprungswort zurück: Signal – Duell – Lizenz – Majestät – Kustos – Prolet – Matrone.

G **Participium coniunctum** → S. 6

- Übersetzen Sie: *Horatius poeta urbes victas canere cupiebat. Sed Apollo deus eum canere volentem retinebat. Caesar Augustus licentiae modum evaganti frena iniecit. Horatius admirabatur imperium sub Augusto ab occidente ad orientem solem porrectum. Romani rite deos adprecati victorias Augusti celebraverunt.*

Text: *Trist.* 2,27–44

W

- Erläutern Sie die jeweilige Besonderheit der Dichtersprache bei *peccassem* (V. 5), *deum* (V. 11) und *dicare* (V. 13).
- Klären Sie die Bedeutung folgender kleiner Wörter: *nunc – adeo – igitur – quoque – umquam – saepe.*

G **Irrealis**

Beim Irrealis geben der **Konjunktiv Imperfekt** und der **Konjunktiv Plusquamperfekt** an, dass etwas unmöglich ist (Konj. Impf. = Irrealis der Gegenwart, Konj. Plqpf. = Irrealis der Vergangenheit); meist erscheinen diese Konjunktive in einem Kondizionalsatz.

Si plus pecuniae haberem, villam emerem.	Wenn ich mehr Geld hätte, würde ich ein Landhaus kaufen.
Si tacuisses, philosophus mansisses!	Wenn du geschwiegen hättest, wärest du ein Philosoph geblieben!

G **Ablativus comparationis** → S. 28

Der **Ablativus comparationis** (Ablativ des Vergleichs) bezeichnet die Bezugsgröße für einen Komparativ. Er ersetzt das Vergleichswort *quam*.

Quis maior quam Marcus est? Quis maior **Marco** est?	Wer ist größer als Markus?

- Übersetzen Sie: *Ovidius poeta ad Caesarem Augustum: „Omnes clementiam tuam laudant. Cogita hoc, quaeso: Nisi ego peccavissem, clementiam tuam ostendere non posses. Nil maius est clementia tua! Nemo moderatior est te! Da mihi veniam et revoca me Romam!"*

Wissen verknüpfen – vernetzt denken

1. Horaz, *Carmen* 4,5,1-8; 17–28

Horaz stimmt ein hymnisches Lob auf Augustus an:

Divis orte bonis, optume Romulae
custos gentis, abes iam nimium diu:
Maturum reditum pollicitus patrum
sancto consilio redi!
Lucem redde tuae, dux bone, patriae!
Instar veris enim voltus ubi tuus
adfulsit populo, gratior it dies
et soles melius nitent.
Tutus bos etenim rura perambulat,
nutrit rura Ceres almaque Faustitas,
pacatum volitant per mare navitae,
culpari metuit fides.
Nullis polluitur casta domus stupris,
mos et lex maculosum edomuit nefas,
laudantur simili prole puerperae,
culpam poena premit comes.
Quis Parthum paveat, quis gelidum Scythen,
incolumi Caesare?

Spross guter Götter, bester Wächter über das Volk des Romulus, du bist schon allzu lange fort. Eine baldige Rückkehr hast du dem ehrwürdigen Rat der Senatoren versprochen, kehr deshalb schnell zurück!
Das Licht gib, guter Führer, deiner Heimat zurück! Sobald nämlich wie der Frühling dein Antlitz das Volk angestrahlt hat, vergeht der Tag angenehmer und die Sonne glänzt heller.
Denn sicher durchwandert das Rind das Land, Ceres und die gütige Faustitas (Göttin der Fruchtbarkeit) nähren das Land, über das ruhige Meer fliegen die Matrosen, die Treue hat Angst vor Vorwürfen.
Sittenrein wird das Haus nun von keinen Seitensprüngen mehr beschmutzt, Sitte und Gesetz haben schmutziges Unrecht bezähmt, man lobt Mütter, weil ihre Kinder ihren Männern ähneln, die Strafe folgt der Schuld auf dem Fuß.
Wer sollte da noch Angst vor dem Parther haben, wer vor dem Skythen aus dem kalten Norden, wenn Cäsar unversehrt ist?
(Übersetzung: C. Zitzl)

▸ Zeigen Sie Bezüge des Textes zur Augusteischen Kunst auf.

2. Ovid, *Fasti* 5,551–570 m. Ausl.

Der Gott Mars besucht das ihm von Augustus erbaute Forum:

Ultor ad ipse suos caelo descendit honores
templaque in Augusto conspicienda foro:
Et deus est ingens et opus – debebat in urbe
non aliter nati Mars habitare sui. [...]
Perspicit Armipotens operis fastigia summi
et probat invictas summa tenere deas.
Perspicit in foribus diversae tela figurae
armaque terrarum milite victa suo.
Hinc videt Aenean oneratum pondere caro
et tot Iuleae nobilitatis avos.
Hinc videt Iliaden umeris ducis arma ferentem
claraque dispositis acta subesse viris.
Spectat et Augusto praetextum nomine templum
et visum lecto Caesare maius opus.
Voverat hoc iuvenis tum, cum pia sustulit arma:
a tantis princeps incipiendus erat.

Mars Ultor steigt selbst vom Himmel herab, um den zu seiner Ehre errichteten Tempel auf dem Augustusforum zu besichtigen. Sowohl der Gott ist gewaltig als auch das Bauwerk – er durfte in der Stadt seines Sohnes Mars nicht anders wohnen. Der Waffenmächtige mustert den Giebel oben am Bauwerk und er befindet es für gut, dass unbesiegte Göttinnen den höchsten Punkt einnehmen. Er mustert an den Türen die verschiedenen Formen der Angriffs- und Verteidigungswaffen der Länder, die von seinen Soldaten besiegt worden sind. Auf der einen Seite sieht er Äneas beladen mit dem ihm teuren Gewicht und die so vielen Ahnen des julischen Adels. Auf der anderen Seite sieht er Romulus, der auf seinen Schultern die Waffen des besiegten Heerführers trägt und dass die berühmten Taten unter den Statuen der Helden zu lesen sind. Und er sieht den Tempel, den der Name Augustus ziert, und als er den Namen „Cäsar" liest, scheint ihm das Werk noch bedeutender. Denn als junger Mann hatte er das damals gelobt, als er aus *pietas* zu den Waffen griff: Mit so großen Taten musste das Prinzipat angefangen werden.
(Übersetzung: C. Zitzl)

▸ Entwerfen Sie anhand der Angaben Ovids eine Skizze des Forum Augusti und des Mars-Ultor-Tempels.

Text 1: *Liv.* 3,26,5-10; 3,29,5-7

W

▶ Erschließen Sie die folgenden Adjektiven zugrundeliegenden Verben und den je verschiedenen Gebrauch des Präfixes *in-* (→ Lesebuch, S. 122): *inopinatus - insperatus - innixus - intentus - instructus*.

▶ Erschließen Sie mithilfe der Elemente der Wortbildung (→ Lesebuch, S. 122) die Bedeutung folgender Verben: *restituere - affluere - reddere - admirari - consalutare - exponere - praeferre - abdicare*.

G **Genitivus partitivus** → S. 5

G **Genitivus qualitatis**

Der **Genitivus qualitatis** (Genitiv der Beschaffenheit) kennzeichnet eine Eigenschaft:

vir **magnae virtutis**	ein Mann von großer Tapferkeit / ein sehr tapferer Mann
Orator **malae linguae** est.	Er ist ein Redner von bösartiger Zunge.

G **NcI**

Wenn ein Verb, von dem üblicherweise ein AcI (→ S. 28) abhängig ist, im Passiv steht, wird aus dem AcI ein **NcI** (Nominativ mit Infinitiv). Der Subjektakkusativ des AcI erscheint im Nominativ:

Amicus hic fuisse videtur.	Es scheint, dass mein Freund hier war.
Hoc honestum esse dicitur / traditur / fertur.	Es wird gesagt / überliefert, dass das ehrenvoll ist. / Das soll ehrenvoll sein.
Beate vivere putor.	Man glaubt / Es wird geglaubt, dass ich glücklich lebe.

▶ Übersetzen Sie: *Cum in Nautio consule parum praesidii esse videretur, senatoribus placuit Cincinnatum arcessere. Is vir magnae virtutis trans Tiberim agros suos colebat, cum legati adfuerunt et mandata senatus pertulerunt. Cincinnatus statim togam sumpsit eosque Romam secutus esse traditur. Ibi exercitum contra hostes duxisse dicitur. Cincinnatus quamquam rem publicam e summo periculo servaverat, dictaturam libenter et sine mora deposuit.*

Text 3: *Liv.* praef. Teil 2

W

▶ Erschließen Sie die Bedeutung folgender Partizipialwendungen: *imperium partum et auctum - documenta in inlustri (loco) posita - negotium susceptum*.

▶ Bestimmen Sie folgende poetische Sonderformen: *imitere* (Z. 10) - *ditior* (Z. 13) - *invexere* (Z. 19).

▶ Klären Sie die Bedeutung folgender Wörter: *deinde - tum - paulatim - inde - praecipue - tam diu - adeo - nuper - ne ... quidem - quoque*.

G Gerundium und Gerundiv

Das **Gerundium** ist ein Verbalsubstantiv, d.h. es wird von einem Verb gebildet, erfüllt aber die Funktion eines Substantivs. Da es sich um eine Verbform handelt, kann es wie jedes Verb mit einem Adverb oder Objekt erweitert werden.

Das **Gerundiv** ist ein passivisches Verbaladjektiv, das die Notwendigkeit (manchmal auch Möglichkeit) einer Handlung bezeichnet. Es wird entweder als in KNG (Kasus - Numerus - Genus) übereinstimmendes Attribut zu einem Substantiv hinzugefügt (**attributives Gerundiv**) oder als Prädikatsnomen mit einer Form von *esse* verbunden (**prädikatives Gerundiv**). Das prädikative Gerundiv bringt zum Ausdruck, dass etwas getan werden muss bzw. nicht getan werden darf. Die Person, die die Handlung ausführen muss bzw. nicht darf, steht im **Dativus auctoris** (Dativ des Urhebers).

Gerundium	attributives Gerundiv	prädikatives Gerundiv
ars (recte) iudicandi	ars laudanda	Ars laudanda est.
die Kunst (richtig) zu urteilen	eine lobenswerte Kunst	Die Kunst muss gelobt werden.
rem recte iudicandi causa	rei recte iudicandae causa	Res iudici iudicanda est.
um die Sache richtig zu beurteilen / zur richtigen Beurteilung der Sache		Die Sache muss von einem Richter beurteilt werden.
Homo ad philosophandum natus est.	Is iudex idoneus ad veritatem inveniendam est.	Discipuli ad discendum hortandi sunt.
Der Mensch ist zum Philosophieren geboren.	Dieser Richter ist geeignet, die Wahrheit zu finden.	Schüler müssen zum Lernen aufgefordert werden.
Has res docendo multum didici.	His rebus docendis multum didici.	Hoc mihi discendum est.
Durch das Lehren dieser Sachen habe ich viel gelernt. Indem ich / dadurch dass ich diese Sachen lehrte, habe ich viel gelernt.		Ich muss das lernen.
In hanc rem disserendo erras.	In hac re disserenda erras.	In hac re errandum non est.
Bei der Erörterung dieses Sachverhalts irrst du.		In dieser Sache darf (kann) man sich nicht irren.

G Supin II

Das **Supin II** auf *-u* steht als Dativ des Zwecks bei einigen Adjektiven.

facile **dictu**	leicht zu sagen
difficile **factu**	schwer zu tun

▸ Übersetzen Sie: *Livius rem publicam pristinam laudat: Avaritia luxuriaque serae immigraverunt; diu enim maximus honos paupertati erat. Livius vitia temporis sui reprehendit: Mores civium primo desident, deinde labuntur, tum praecipites eunt. Desiderium pereundi perdendique omnia tenet cives. Itaque cives libris Livii legendis cognoscunt, quod foedum inceptu, quod foedum exitu sit.*

Text 4: *Liv.* 1,8

W

- Klären Sie die Bedeutung folgender Ausdrücke: *coalescere in corpus unius populi - genus agreste hominum - e duodecim populis communiter creare regem - turba rerum novarum avida.*
- Übersetzen Sie nach dem Beispiel *ab urbe condita* seit Gründung der Stadt: *incrementum* (Zuwachs) *ad coeptam magnitudinem urbis - post reges exactos.*

G

Gerundium und Gerundiv → S. 18
Ablativus absolutus → S. 7

- Übersetzen Sie: *Rebus divinis rite factis Romulus curabat, ut urbs nuper condita cresceret. Hoc efficere temptabat et appetendo plura loca et conciendo plures homines. Adiciendae multitudinis causa obscuram atque humilem turbam arcessebat sine discrimine, utrum liberi an servi essent.*

Text 5: *Liv.* 1,16,1-8

W

- Erschließen Sie aus dem jeweils zugrundeliegenden Wort die Bedeutung folgender Adjektive (z. B. *hodiernus* aus *hodie* heute): *obvius - caelestis - militaris - mirus.*
- Klären Sie die Bedeutung folgender Adverbien: *repente - contra - ita - proinde.*

G

Jussiv

Der Jussiv ist eine Aufforderung an die **3. Pers. Sg. oder Pl. im Konjunktiv Präsens.**

Taceat!	Er soll schweigen!
Discedant!	Sie sollen weggehen!
Ne haec verba audiant!	Sie sollen nicht auf diese Worte hören!

- Übersetzen Sie: *Proculus Iulius apud populum locutus est Romulum sibi occurrisse et haec dixisse: „Romani tristitiam deponant! Sciant me nunc deum factum esse! Populus Romanus rem militarem moremque maiorum colat! Tradat posteris Romanis nullas nationes armis resistere posse!"*

Text 6: *Liv.* 1,58,2–12

W

- Führen Sie folgende Fremdwörter auf ihre lateinischen Ursprungsbegriffe zurück und erklären Sie diese: addieren – apostolischer Nuntius – Advent – investigativer Journalismus – Hospital.
- Erschließen Sie mithilfe der Elemente der Wortbildung (→ Lesebuch, S. 122) die Bedeutung folgender Komposita und nennen Sie das jeweils zugrundeliegende Verbum simplex (z. B. *accedere* hinzutreten ~ *cedere*): *opprimere – incidere – redire – convenire – oboriri – amittere – auferre – defigere.*
- Klären Sie die Bedeutung folgender kleiner Wörter: *satis – prope – velut – inde – forte – ceterum – tantum – hinc – deinde.*

G **Historischer Infinitiv** → S. 11

G **Indirekte Rede (Oratio obliqua)**

Neben der wörtlichen, d.h. direkten Rede (*oratio recta*), gibt es die sog. **indirekte Rede** (*oratio obliqua*), in der die Äußerungen eines Sprechers in der dritten Person wiedergegeben werden.

oratio recta	Ich habe das getan.
oratio obliqua	Er habe das getan.

Die indirekte Rede wird durch ein am Anfang genanntes, dann zu ergänzendes **Verbum dicendi** eingeleitet. Dabei werden die Hauptsätze wie ein **AcI** umgewandelt, die Nebensätze und Befehle treten in den **Konjunktiv**.

Direkte Rede

Senator ad cives dicit:	Der Senator sagt zu den Bürgern:
„Res atrox incidit.	„Eine schlimme Sache ist passiert.
Hoc providi, quia certa signa observaveram.	Dies habe ich vorhergesehen, weil ich sichere Anzeichen beobachtet habe.
Deponite ergo curas!“	Legt deshalb die Sorgen ab!"

Indirekte Rede

Senator ad cives dixit:	Der Senator sagte zu den Bürgern:
Rem atrocem incidisse.	Eine schlimme Sache sei passiert.
Se hoc providisse, quia certa signa observavisset.	Dies habe er vorhergesehen, weil er sichere Anzeichen beobachtet habe.
Deponerent ergo curas.	Sie sollten deshalb die Sorgen ablegen.

- Übersetzen Sie: *Sextus Tarquinius, filius regis, cubiculum Lucretiae virginis invasit. Lucretia iuvenem cupidissimum iterum atque iterum repellebat. Tum ille gladium stringere, magna voce clamare, mortem virgini minari. Postero die Lucretia scelus marito narrabat: Rem atrocem incidisse. Filium regis media nocte cubiculum invasisse et pudicitiam suam violavisse. Se vivere non iam velle.*

Text 7: *Liv.* 1,59,1-7

W

▸ Erschließen Sie die Bedeutung folgender Adjektive aus den ihnen zugrundeliegenden Substantiven (z. B. *sanguineus* ~ *sanguis, inis* Blut): *regius* - *sceleratus* - *armatus* - *patrius*.

▸ Bilden Sie den Infinitiv Präsens zu folgenden Formen von Deponentien und geben Sie mithilfe eines Wörterbuches seine Bedeutung an: *passurum esse* - *sequuntur* - *queruntur* - *ausos* - *profecti* - *rentur*.

G **Partizip Futur Aktiv** → S. 10

G **Constructio ad sensum**

Die von Livius häufig gebrauchte **constructio ad sensum** entsteht, wenn entgegen der Kongruenzregel **Subjekt** und **Prädikat** im Numerus nicht übereinstimmen, weil sich das Verb nach dem Sinn des Subjekts richtet.

Magna multitudo hominum in urbem convenerunt.	Eine große Menschenmenge kam in der Stadt zusammen.
Uterque dux exercitum ex castris ducunt.	Beide Feldherrn führen das Heer aus dem Lager.

G **quisque mit Superlativ**

Steht die Singularform des Pronomens *quisque* mit einem **Superlativ**, wird sie im Deutschen im **Plural** wiedergegeben.

Homo bonus optimo cuique carissimus est.	Ein guter Mensch ist gerade den Besten lieb und teuer.

▸ Übersetzen Sie: *Brutus post mortem Lucretiae iuravit se Tarquinium Superbum regem accusaturum esse: „Vos, Romani, testes facio me non passurum esse Tarquinium familiamque sceleratam eius Romae regnare." Postquam haec dixit, turba gaudebat, quod virtute et verbis Bruti incitabantur. Ferocissimus quisque supplicium regis postulabant.*

Text 8: *Liv.* 2,12,5–13,6

W

▶ Erklären Sie aus der Kenntnis des Lateinischen folgende italienische Wörter. Adjektive: maggiore – regale – lungo – destro; Substantive: ferro – volgo – re – sede – pericolo.

G **Indirekte Fragesätze / Zeitenfolge**

Indirekte Fragesätze sind von **übergeordneten Verben** abhängig und stehen deshalb im **Konjunktiv**, der im Deutschen mit **Indikativ** wiedergegeben wird.

Für die Verwendung des Konjunktivs gelten die Regeln der **Zeitenfolge** (*consecutio temporum*): Steht das übergeordnete Verb in einem Vergangenheitstempus, drückt der Konjunktiv Imperfekt die Gleichzeitigkeit, der Konjunktiv Plusquamperfekt die Vorzeitigkeit aus. Steht das übergeordnete Verb im Präsens oder Futur, drückt der Konjunktiv Präsens die Gleichzeitigkeit, der Konjunktiv Perfekt die Vorzeitigkeit aus.

Rogas, quam vitam dei agant.	Du fragst, welches Leben die Götter führen.
Quaeris e me, quam vitam egerim.	Du fragst mich, welches Leben ich geführt habe.
Puer respondit, quare fugisset.	Der Junge antwortete, weshalb er geflohen war.
Nescio, quid acturus sis.	Ich weiß nicht, was du tun wirst.

G **Prädikativum**

Das **Prädikativum** (Substantiv oder Adjektiv) bezieht sich auf das Prädikat und das Subjekt eines Satzes zugleich. Es wird im Deutschen mit „als" wiedergegeben:

Caesar primus venit.	Cäsar kam als Erster.
Gallia est omnis divisa in partes tres.	Gallien ist als Ganzes in drei Teile geteilt.
Hannibal puer Carthagine discessit, senex in patriam rediit.	Hannibal hat als Junge Karthago verlassen und kehrte als alter Mann in die Heimat zurück.

G **Substantivierung der Adjektive**

Wie im Deutschen ist auch im Lateinischen die Substantivierung der Adjektive möglich. Sie geschieht oft im Neutrum Plural, das im Deutschen mit Singular übersetzt wird.

pauperes	Arme	multa	vieles
divites	Reiche	omnia	alles

▶ Übersetzen Sie: *Cum Porsenna, rex Etruscorum, Romam expugnare vellet, Mucius Scaevola, iuvenis Romanus, consilium cepit regem occidendi. Itaque nocte in castra eius invasit. Duos hostes ibi videns nesciebat, uter Porsenna esset. Cum falso scribam regis necavisset, captus est. Iuvenis fortis haec verba regi dixisse fertur: „Non amicus huc veni neque unus e Romanis te occidere volo. Si me torquere vis, sci me nihil timere: Romanum enim est pati multa et hostilia." Hoc dicens dextram suam igni imposuit.*

Text 9: *Liv.* 2,32,4–33,2

W

- Führen Sie folgende englische Wörter auf ihren lateinischen Ursprung zurück: quiet – necessary – mutual – suspense – violence – to narrate – external – member – extreme – voluptuosness – condition.
- Suchen Sie aus Z. 14–29 Begriffe für menschliche Körperteile heraus und klären Sie deren Bedeutung.
- Klären Sie mithilfe eines Wörterbuches die Bedeutung folgender Adjektive und Adverbien: *ingens – reliquus – carus – singulus – totus – segnis – similis – interim – deinde – profecto – igitur – una – hinc.*

G **Indirekte Rede** → S. 20
Gerundium und Gerundiv → S. 18

- Übersetzen Sie: *Postquam plebs e Roma abiit, nobiles in urbe relicti multa timebant: Quamdiu plebem tranquillam futuram esse (fore)? Quid futurum esse (fore), si hostes bellum incipiant? Nobiles tum sentiebant concordiam inter cives Romanos restituendam esse. Placuit igitur Menenium Agrippam, virum dicendi peritum, ad plebem mittere. Qui civitatem cum corpore comparando plebem commovit, ut in urbem rediret.*

Text 10: *Liv.* 2,39

W

- Klären Sie mithilfe eines Wörterbuches die Bedeutung folgender Adverbien: *parum – certe – primo – dein – ergo – tandem.*
- Erklären Sie ausgehend von den zugrundeliegenden lateinischen Wörtern folgende Fremdwörter: stark frequentiert – publik machen – defensiv – urban – familiär – Nepotismus – Patriot – Patient.

G **Subjunktion ut (verschiedene Bedeutungen)**

Die **Subjunktion** *ut* kann im Lateinischen mit Konjunktiv oder Indikativ stehen. Mit dem Konjunktiv beschreibt *ut* entweder eine Folge (**konsekutiv**), einen Grund (**kausal**) oder einen Zweck (**final**).

Cicero tam eloquens erat, ut omnes eum mirarentur.	Cicero war so redegewandt, dass alle ihn bewunderten.
Cicero, ut qui orator excelleret, summa laude dignus erat.	Da / weil Cicero als Redner herausragte, verdiente er das höchste Lob.
Cicero curavit, ut omnibus optimus orator videretur.	Cicero sorgte dafür, dass er allen als der beste Redner erschien.

Ut mit dem Indikativ kann auch einen Zustand, in dem sich die Person oder Sache gerade befindet, bezeichnen.

Homo, ut erat furiosus, clamavit.	Der Mensch, rasend wie er nun einmal war, schrie.

G Doppelfrage

Die **Doppelfrage** (auch Wahl- oder Alternativfrage) bietet zwei Möglichkeiten an. Eingeleitet wird sie mit (*utrum*) - an bzw. *-ne* - *an* (ob - oder).

Utrum sponte tua an coactus hoc fecisti?	Hast du das aus eigenem Antrieb oder gezwungen getan?
Haecne vox vera an falsa est?	Ist diese Äußerung richtig oder falsch?

Die Doppelfrage kann auch von einem übergeordneten Verb abhängig sein und tritt dann als indirekte Frage in den Konjunktiv, der im Deutschen nicht wiedergegeben wird:

Nescio, (utrum) sponte tua an coactus hoc feceris.	Ich weiß nicht, ob du das aus eigenem Antrieb oder gezwungen getan hast.
Dubito, haec(ne) vox vera an falsa sit.	Ich zweifle, ob diese Äußerung richtig oder falsch ist.

G Irrealis → S. 15

▸ Übersetzen Sie: *Coriolanus, quamvis ipse Romanus esset, una cum Volscis bellum contra Romanos gessit. Summo in periculo Romani decreverunt, ut mulieres cum Veturia, matre Coriolani, ad filium mitterentur, ut qui alios legatos inauditos dimisisset. Coriolanus, ut erat furiosus, primo tam durus fuit, ut mulieres quoque dimittere vellet. Cum autem audiret matrem adfuisse, ei obviam iit. At Veturia irata clamavit: „Dic mihi, (utrum) ad hostem an ad filium venerim, captiva materne in castris tuis sim. Num te peperi, Coriolane, ut te hostem viderem? Nisi ego te peperissem, Roma non oppugnaretur. Nisi filium haberem, sine metu belli viverem."*

Übersetzen

1. Die Tarquinier wollen mit Hilfe Porsennas ihren Thron zurückerobern (*Liv.* 2,9,1-6 m. Ausl.).

Inde P. Valerius iterum T. Lucretius consules facti. Iam Tarquinii ad Porsennam, Clusinum regem, perfugerant. Ibi nunc orabant, ne se exsulare pateretur, nunc monebant etiam, ne orientem morem reges pellendi inultum sineret: Satis libertatem ipsam habere dulcedinis. Nisi, quanta vi civitates eam expetant, tanta reges regna defendant, adesse finem regnis.

Porsenna regem esse Romae tutum Tuscis ratus Romam infesto exercitu venit. Non umquam alias ante tantus terror senatum invasit. Nam timebant, ne Romana plebs metu perculsa receptis in urbem regibus cum servitute pacem acciperet. Multa igitur blandimenta plebi per id tempus ab senatu data. Annonae imprimis habita cura et ad frumentum comparandum missi alii in Volscos, alii Cumas.

2. Porsenna zeigt Respekt vor dem Mut Cloelias (*Liv.* 2,13,4–11 m. Ausl.).

Composita pace exercitum ab Ianiculo deduxit Porsenna et agro Romano excessit. Patres C. Mucio virtutis causa trans Tiberim agrum dono dedere. Ergo ita honorata virtute feminae quoque ad publica decora excitatae et Cloelia virgo custodes frustrata dux agminis virginum inter tela hostium Tiberim tranavit sospitesque omnes Romam ad propinquos restituit. Quod ubi regi nuntiatum est, primo incensus ira oratores Romam misit ad Cloeliam obsidem deposcendam. Deinde in admirationem versus virginem parte obsidum se donare dixit: Ipsa, quos vellet, legeret! Productis omnibus Cloelia elegisse impubes dicitur. Pace redintegrata Romani novam in femina virtutem novo genere honoris, statua equestri, donavere: In summa Sacra via est posita virgo insidens equo.

3. Die Aequer und Volsker sind plündernd ins römische Gebiet eingedrungen (*Liv.* 3,5,2–8).

Simul castra oppugnabantur, simul pars exercitus ad populandum agrum Romanum urbemque ipsam temptandam missa. L. Valerius ad praesidium urbis relictus, consul Postumius ad arcendas populationes finium missus. Nihil remissum curae aut laboris: Vigiliae in urbe, stationes ante portas praesidiaque in muris disposita et, quod necesse erat in tanto tumultu, iustitium per aliquot dies servatum.

Interim in castris Furius consul, cum primo quietus obsidionem passus esset, in incautum hostem decumana porta erupit et, cum persequi hostes posset, substitit metu, ne in castra impetus fieret. Furium legatum longius extulit cursus: Nec ille suos redeuntes neque hostium ab tergo incursum vidit persequendi studio. Ita exclusus acriter dimicans cecidit. Et consul nuntio circumventi fratris ad pugnam conversus, dum se temere magis quam satis caute in mediam dimicationem infert, volnere accepto aegre ab circumstantibus ereptus.

▶ Übersetzen Sie die Texte mithilfe Ihres Wörterbuches. Wenden Sie als Übersetzungshilfe Methoden der Satzanalyse an (→ Lesebuch, S. 60f.).

Interpretieren

1. Livius, *Ab urbe condita* 2,10

Im Kampf gegen Porsenna verteidigt Horatius Cocles allein den Zugang zur im Abbruch befindlichen Holzbrücke über den Tiber.

Clamore sublato undique in unum hostem tela coniciunt. Quae cum in obiecto cuncta scuto haesissent neque ille minus obstinatus ingenti pontem obtineret gradu, iam impetu conabantur detrudere virum, cum simul fragor rupti pontis, simul clamor Romanorum, alacritate perfecti operis sublatus, pavore subito impetum sustinuit. Tum Cocles „Tiberine pater“, inquit, „te sancte precor, haec arma et hunc militem propitio flumine accipias.“ Ita sic armatus in Tiberim desiluit multisque superincidentibus telis incolumis ad suos tranavit rem ausus plus famae habituram ad posteros quam fidei.

Geschrei wurde erhoben und von allen Seiten schleuderten sie Waffen gegen den einzigen Feind. Als diese alle in seinem zum Schutz vorgehaltenen Schild stecken geblieben waren und jener nicht weniger entschlossen breitbeinig die Brücke hielt, versuchten sie nunmehr im Sturm den Mann zu vertreiben, als zeitgleich das Krachen der abgebrochenen Brücke und das aus Begeisterung über das vollendete Werk erhobene Geschrei der Römer den Sturmangriff durch plötzliche Angst zum Erliegen brachte. Da sagte Cocles: „Vater Tiberinus, ich bitte dich ehrfürchtig, nimm diese Waffen und diesen Soldaten gnädig in deinen Fluten auf." Nachdem er so gesprochen hatte, sprang er so bewaffnet in den Tiber und, obwohl viele Geschosse über ihm einschlugen, konnte er unversehrt zu seinen Leuten hinüberschwimmen, wobei er eine Tat wagte, die bei der Nachwelt mehr Nachhall als Glauben finden sollte.
(Übersetzung: C. Zitzl)

2. Livius, *Ab urbe condita* 3,11

Im Verlauf der Ständekämpfe kommt es zur Auseinandersetzung zwischen dem Patrizier Quinctius Caeso und dem Volkstribunen Aulus Verginius:

Caeso erat Quinctius, ferox iuvenis qua nobilitate gentis, qua corporis magnitudine et viribus. Hic cum in medio patrum agmine constitisset, unus impetus tribunicios popularesque procellas sustinebat. Hoc duce saepe pulsi foro tribuni, fusa ac fugata plebes est. Qui obvius fuerat, mulcatus nudatusque abibat. Tum prope iam perculsis aliis tribunis A. Verginius Caesoni capitis diem dicit: „Ecquid sentitis iam vos, Quirites, Caesonem simul civem et legem, quam cupitis, habere non posse? Quamquam quid ego legem loquor? Libertati obstat. Omnes Tarquinios superbia exsuperat. Exspectate, dum consul aut dictator fiat, quem privatum viribus et audacia regnantem videtis!“ Adsentiebantur multi et tribunum ad rem peragendam ultro incitabant.

Quinctius Caeso war ein unerschrockener junger Mann teils aufgrund des Adels seiner Familie, teils aufgrund seiner Körpergröße und Kraft. Wenn dieser sich in der Mitte des Heereszugs der Senatoren hingestellt hatte, hielt er allein den Angriffen der Tribune und den Stürmen des Volks stand. Unter seiner Führung wurden oft die Tribune vom Forum gejagt und das Volk vernichtend geschlagen. Wer sich ihm in den Weg gestellt hatte, zog verprügelt und entblößt von dannen. Da aber, als beinahe schon alle anderen Tribune entmutigt waren, klagte Aulus Verginius den Caeso auf Leben und Tod an: „Merkt ihr nun etwa, dass ihr, Quiriten, gleichzeitig den Caeso und das Gesetz, das ihr einzubringen wünscht, nicht haben könnt? Indes, was rede ich von einem Gesetz? Er stellt sich der Freiheit entgegen. Er übertrifft alle Tarquinier an Hochmut. Wartet nur, bis der Konsul oder Diktator wird, den ihr schon als Privatmann mit dreister Gewalt wie einen König herrschen seht!" Diesen Worten stimmten viele bei und trieben damit noch obendrein den Tribunen dazu an, die Anklage durchzuziehen.
(Übersetzung: C. Zitzl)

▶ Interpretieren Sie ausgehend vom lateinischen Original den Text nach dem Muster von S. 28f. im Lesebuch.

Text 2: *De rep.* 1,1–2; 8

W

- Schlagen Sie folgende Wortformen in Ihrem Wörterbuch nach und wählen Sie anhand des Kontextes die jeweils zutreffende Bedeutung aus: *saluti* (Z. 1) – *queratur* (Z. 4) – *virtutem* (Z. 9) – *utare / utaris* (Z. 10) – *usu* (Z. 11).
- Erschließen Sie die Bedeutung der folgenden englischen Wörter aus ihrem jeweiligen lateinischen Ursprungswort, z. B. to move ~ bewegen (*movere*): necessary – voluptuous – government – to generate – tranquillity – quiet – utility.

G **Subjunktion ut → S. 23**
Finales ut und Verneinung ne (Beschreibung eines Zwecks)
Nach *ne* steht *quis* bzw. *quid* statt *aliquis* bzw. *aliquid*.

ne quis; ne quid	damit niemand; damit nichts
ne umquam	damit nie

- Übersetzen Sie und unterscheiden Sie zwischen finalem und konsekutivem *ut*: 1. *Quis tam stultus est, ut putet se sibi uni natum esse?* 2. *Leges de omnibus rebus scriptae sunt, ne quis errare possit.* 3. *Nullus liber tam malus est, ut non aliqua parte prosit.* 4. *Sententias philosophorum litteris mando, ut posteris usui sint.*

G **Satzanalyse** → Lesebuch, S. 60f.

- Übersetzen Sie den folgenden Satz mithilfe Ihres Wörterbuches. Wenden Sie als Übersetzungshilfe Methoden der Satzanalyse an und visualisieren Sie das logische Gefüge des Satzes mit der Einrückmethode: *Quemadmodum urbes magnas atque imperiosas viculis et castellis praeferendas esse puto, sic eos, qui his urbibus consilio atque auctoritate praesint, iis, qui omnis negotii publici expertes sint, longe sapientia ipsa esse anteponendos duco.*

Text 3: *De rep.* 1,32–34

W

- Geben Sie – auch unter Zuhilfenahme eines Wörterbuches oder einer Wortkunde – jeweils ein Synonym zu den folgenden Wörtern an, z. B. *beatus* (glücklich) ~ *felix*: *metuere – alicui usui esse – existimare – disserere.*
- Geben Sie jeweils die Bedeutung und mindestens ein Wort aus derselben Wortfamilie mit seiner Bedeutung an: *sapientia – status – peritus – disputatio.*
- Übersetzen und erklären Sie das grammatikalische Phänomen: *quae res – quam ob rem – quae cum ita sint – quare – quo facto.*

G AcI

Der **AcI** (Akkusativ mit Infinitiv) steht nach Verba dicendi (des Sagens und Meinens, z. B. *dicere, negare, promittere, nuntiare*), Verba sentiendi (der sinnlichen und geistigen Wahrnehmung, z. B. *audire, videre, animadvertere*), Verba affectus (des Fühlens, z. B. *gaudere, dolere*) und unpersönlichen Ausdrücken (z. B.: *constat, apparet, decet, oportet*). Da der AcI kein Nebensatz, sondern ein Satzglied ist, werden in ihm bei Beziehung auf das Subjekt die **Reflexivpronomina (*se, suus*)** gebraucht.

Video amicum hic fuisse.	Ich sehe, dass mein Freund hier war.
Stoici dicunt hoc honestum esse.	Die Stoiker sagen, dass das ehrenvoll ist.
Puto me beate vivere.	Ich glaube, dass ich glücklich lebe.
Ille putat se beatum esse.	Jener glaubt, dass er (selbst) glücklich ist.
Illa putat se beatam esse.	Jene glaubt, dass sie (selbst) glücklich ist.

▸ Übersetzen Sie: *Ciceronem rei publicae maximam operam dedisse constat. Scimus eum consulem patriam servavisse et patrem patriae appellatum esse. Cum autem animadvertisset se in re publica nihil agere posse, sibi philosophiam explicandam esse putavit. Speravit enim se litteris suis civitati usui fore.*

G Steigerung der Adjektive / Ablativus comparationis

Den **Komparativ** eines Adjektivs erkennt man in der Regel daran, dass *-ior* (m/f) bzw. *-ius* (n) an den Wortstamm angefügt wird (beim Adverb *-ius*). Der **Ablativus comparationis** (Ablativ des Vergleichs) bezeichnet die Bezugsgröße für einen Komparativ, z. B. *sole clarior* – heller als die Sonne. Er ersetzt das Vergleichswort *quam*. Wird ein Komparativ ohne Bezugsgröße verwendet, übersetzt man ihn mit „ziemlich" bzw. „allzu".

Den **Superlativ** eines Adjektivs erkennt man in der Regel daran, dass *-issimus, a, um* an den Wortstamm angefügt wird (beim Adverb *-issime*). Wird ein Superlativ ohne Vergleichspunkt verwendet, übersetzt man ihn mit „sehr" bzw. „äußerst" (**Elativ**).

Wichtig ist die Kenntnis der folgenden, unregelmäßig gebildeten Steigerungsformen:

bonus, a, um → melior, ius → optimus, a, um	gut → besser → der beste
malus, a, um → peior, ius → pessimus, a, um	schlecht → schlechter → der schlechteste
parvus, a, um → minor, us → minimus, a, um	klein → kleiner → der kleinste
magnus, a, um → maior, ius → maximus, a, um	groß → größer → der größte
multi, ae, a → plures, a → plurimi, ae, a	viele → mehrere → die meisten
multum → plus → plurimum	viel → mehr → das meiste

Komparative und Superlative können verstärkt werden, z. B.:

multo maior	viel größer (Abl. mensurae → S. 5)
longe optimus	bei weitem der Beste
vel sapientissimus	sogar der Weiseste
quam celerrime	möglichst schnell

▸ Übersetzen Sie: *Quis sapientior Socrate est? Hunc omnium vel sapientissimum esse dictum constat. Diligentissime de virtutibus et vitiis quaerebat, ut e Socraticorum libris maximeque Platonis intellegi potest, et quam plurimos homines de ratione melius vivendi quaerere coegit.*

Text 4: *De rep.* 1,39–42

W

- Unterscheiden Sie mithilfe der Elemente der Wortbildung (→ Lesebuch, S. 122) die Bedeutung folgender Wörter: *exponere* ↔ *componere* - *instituere* ↔ *constituere* ↔ *destituere* - *deligere* ↔ *colligere* - *suscipere* ↔ *concipere* - *praestare* ↔ *constare*.
- Erschließen Sie die Bedeutung der folgenden französischen Wörter aus ihrem jeweiligen lateinischen Ursprungswort, z. B. amour ~ Liebe (*amor*): consentir - naturelle - singularité - société - tolérable.
- Übersetzen Sie: *non sine causa - exempli causa - hac de causa - multa confirmandi mei causa dixit - salutis suae causa - recitandi causa.*

G NcI → S. 17

- Übersetzen Sie: *Origo philosophiae in Graecia fuisse fertur. Nam philosophi Graeci de initio rerum quaesivisse dicuntur. Thales, quia primus de talibus rebus quaesivisse videtur, primus philosophorum fuisse traditur.*
- Wandeln Sie in obigen Sätzen, soweit möglich, die NcI-Konstruktion in eine AcI-Konstruktion um.

G **Prädikatives Gerundiv**

Das prädikativ verwendete Gerundiv wird zumeist als Prädikatsnomen mit einer Form von *esse* verbunden; die Person, die die Handlung ausführen muss bzw. nicht darf, steht im **Dativus auctoris**. In Verbindung mit **Verben des Gebens, Schickens oder Überlassens** bezeichnet es einen bestimmten Zweck einer Handlung.

Hic liber tibi legendus est.	Dieses Buch muss von dir gelesen werden. Dieses Buch musst du lesen.
Puero hunc librum legendum do.	Ich gebe dieses Buch dem Jungen zum Lesen.

- Übersetzen Sie und bestimmen Sie genau, welches grammatikalische Phänomen jeweils vorliegt (Gerundium, attributives/prädikatives Gerundiv): *Omnis res publica consilio atque prudentia regenda est. Eis autem, qui ad rem publicam accedere volunt, maxima diligentia adhibenda est. Nemo autem nihil agendo aptus ad regnandum est. Ad rem publicam gerendam optimi viri eligendi sunt. Civitatem optimo cuique regendam tradamus!*
- Erklären Sie die Doppeldeutigkeit: **1.** *Mihi parendum est.* **2.** *Liberis succurrendum est.*

Text 5: *De rep.* 1,43–45

W

- Geben Sie jeweils die Bedeutung und mindestens ein Wort aus derselben Wortfamilie mit seiner Bedeutung an: *pars* – *gradus* – *rex* – *ius* – *pernicies* – *praeceps* – *moderari*.
- Erklären Sie ausgehend vom lateinischen Ursprungswort folgende Fremdwörter: Partizip – moderat – Administration – Lizenz – mutieren.

G esse + Genitiv

In Abhängigkeit von ***esse*** bezeichnet der **Genitiv** eine Eigenschaft, Aufgabe oder Pflicht einer Person.

Consulis est populo consulere.	Es ist Aufgabe des Konsuls, für das Volk zu sorgen.
Philosophi est nihil timere.	Es ist Wesenszug eines Philosophen / charakteristisch für einen Philosophen, nichts zu fürchten.
Humanitatis est miseros consolari.	Es ist ein Zeichen von Menschlichkeit, Elende zu trösten.

- Übersetzen Sie: **1.** *Constat iudicis esse vera quaerere.* **2.** *Senatoris erat saluti omnium civium providere.* **3.** *Virorum fortium est dolorem patienter ferre.* **4.** *Sapientiae est nihil inhonestum facere.* **5.** *Magni viri est divitias neglegere.* **6.** *Vestalis erat igni Vestae consulere.* **7.** *Viri boni est amicum non fallere.*

G Subjunktion cum

Als **Subjunktion** leitet *cum* mit **Indikativ** meist iterative (immer wenn) oder temporale (als), mit **Konjunktiv** je nach Zusammenhang temporale (als, nachdem), kausale (weil), konzessive (obwohl) oder adversative (während) Adverbialsätze ein. *Cum* (*primum*) mit Indikativ in der Bedeutung *sobald, als* bezeichnet eine einmalige vorzeitige Handlung. Daneben dient *cum* aber auch als **Präposition** mit Ablativ (zusammen mit) oder als beiordnende Konjunktion in der Verbindung *cum – tum* (sowohl – als besonders).

Cum tecum colloquor, gaudeo.	Immer wenn ich mit dir rede, freue ich mich.
Quod cum ita sit, mortem timeo.	Weil das so ist, fürchte ich den Tod.
Cum mortuus esset, doluimus.	Nachdem (Weil) er gestorben war, waren wir traurig.
Socrates, cum sine culpa esset, tamen capitis damnatus est.	Obwohl Sokrates ohne Schuld war, wurde er dennoch zu Tode verurteilt.

G Kondizionalsätze

Kondizionalsätze werden mit den folgenden Subjunktionen eingeleitet:

si	wenn
nisi	wenn nicht
quod si / sin autem	wenn aber
si modo	wenn nur
si quidem	wenn wirklich
dum / dummodo	wenn nur

Steht ein Kondizionalsatz im Indikativ, bleibt das Verhältnis des Kondizionalsatzes zur Wirklichkeit unbestimmt. Wird dieses Verhältnis als nicht wirklich (irreal) angesehen, steht sowohl im *si*-Satz als auch im Hauptsatz entweder der Konjunktiv Imperfekt (**Irrealis der Gegenwart**) oder der Konjunktiv Plusquamperfekt (**Irrealis der Vergangenheit**).

G Kondizionalsätze

Si multum discis, te laudo.	Wenn du viel lernst, lobe ich dich.
Quodsi / sin autem multum didiceris, te laudabo.	Wenn du aber viel gelernt hast, werde ich dich loben.
Si modo disceres, te laudarem.	Wenn du nur lernen würdest, würde ich dich loben.
Si plus didicisses, te laudavissem.	Wenn du mehr gelernt hättest, hätte ich dich gelobt.

▶ Übersetzen Sie: **1.** *Cum populus regibus paruisset, cives imperium ad homines iustissimos et sapientissimos deferre voluerunt.* **2.** *Bene senatores tum, cum res publica florebat, decreverunt.* **3.** *Sed cum alius alium timet, et homo hominem et ordo ordinem, tum, quoniam sibi nemo confidit, quasi pactio fit inter populum et potentes.* **4.** *Cum autem tyrannus, cum figura sit hominis, morum tamen immanitate beluas vincat, legibus opus est.* **5.** *Ratio autem, cum est in hominis mente perfecta, lex est.* **6.** *Lex nos cum ceteras res omnes tum id, quod est difficillimum, docuit, ut nosmet ipsos nosceremus.* **7.** *Quodsi nihil est ratione melius, homini cum deo rationis societas est.* **8.** *Cum autem lex in civitate concordiam faciat, iniuriis discordiae nascuntur.* **9.** *Nisi vitia essent, legibus opus non esset.*

▶ Ersetzen Sie, falls möglich, im obigen Text *cum* durch sinngleiche Subjunktionen und geben Sie an, in welchen Fällen sich der Modus des Prädikats ändert.

Text 6: *De rep.* 1,65-67

W

▶ Bestimmen Sie folgende Verbformen: *tueri* (Z. 12) - *attulit* (Z. 14) - *conabor* (Z. 20) - *usus* (Z. 23) - *hausit* (Z. 24) - *insequitur* (Z. 26) - *vacet* (Z. 35) - *spernant* (Z. 39) - *adhibeatur* (Z. 47) - *nequeant* (Z. 47).

▶ Erschließen Sie mithilfe der Elemente der Wortbildung (→ Lesebuch, S. 122) die Bedeutung der folgenden Wörter: *auferre* - *spolia, -orum* - *difficultas* - *sitire* - *lenitas* - *vacuus* - *dominari* - *quire.*

G Deponentia → S. 9

▶ Übersetzen Sie: *Rex iustus potestate sua non male abusus virtutem sequetur. Ratus sibi magno munere fungendum esse multos dolores patietur. Semper cives tueatur! Virtute civium confisus nitatur, ne civitas labatur! Sententias philosophorum mente complexus laudem adipiscatur! Numquam obliviscatur salutis omnium!*

▶ Bestimmen Sie folgende Formen: *veritus* - *reverti* - *confisus essem* - *querar* - *loquere!* - *irascens.*

G Participium coniunctum → S. 6

▶ Übersetzen Sie treffend, indem Sie die Partizipien, wenn möglich, mit einem sinnvollen Adverbialsatz wiedergeben: *Rex bonus leges a natura datas sequitur salutem rei publicae respiciens. Rex iniustus autem commodis suis consulens civitatem etiam bene constitutam perdet. Cives libertatem expetentes regem eius modi eicient. Saepe autem cives libertatem adepti rem publicam administrare nequeunt, quia libidini suae servientes se suaque tantum curant.*

Text 7: *De rep.* 1,68-69

W

- Erschließen Sie die Bedeutung der folgenden englischen Wörter aus ihrem jeweiligen lateinischen Ursprungswort, z. B. to move ~ bewegen (*movere*): to exist - contrary - merit - constitution - to convert.

- Geben Sie - auch unter Zuhilfenahme eines Wörterbuches oder einer Wortkunde - jeweils ein Synonym zu den folgenden Wörtern an, z. B. *beatus* (glücklich) ~ *felix*: *reverti* - *nasci* - *immanis* - *firmitudo* - *praecipitare*.

G

Relativer Satzanschluss

Ein Relativsatz kann auch selbständig stehen, er wird dann zu einem Hauptsatz. In diesem Fall wird das **Relativpronomen**, das sich auf **ein Wort** im vorangehenden Satz oder auf den **ganzen Satz** bezieht, im Deutschen mit einem **Demonstrativpronomen** wiedergegeben.

Cicero omnium optimus orator erat. Cuius eloquentia ceteri oratores superati sunt.	Cicero war der beste Redner von allen. Durch dessen Redegewandtheit sind die übrigen Redner übertroffen / in den Schatten gestellt worden.
Cicero vir doctissimus erat. Quod cum ita esset, multos libros praeclaros scripsit.	Cicero war ein sehr gebildeter Mann. Da dies so war, schrieb er viele herausragende Bücher.

- Übersetzen Sie: *Scipio: „Omnia nimia in contraria convertuntur. Quae cum ita sint, e nimia libertate tyrannus nascitur. Quem si optimates oppresserunt, viri meliores rem publicam habent. Ex quibus, si divitias expetunt et audaces se praestant, factio fit. Quae quia rei publicae usui non est, principes depelluntur et libera res publica restituitur."*

G

Substantivierung der Adjektive → S. 22

- Übersetzen Sie: *Si boni et sapientes ad rem publicam accedunt, bona et utilia oriuntur. Qui semper verum dicunt et omnia ad bonum honestumque referunt. Si in publicum procedunt, admirationem audientium movent.*

Text 8: *De rep.* 2,4–6

W

- Unterscheiden Sie mithilfe der Elemente der Wortbildung (→ Lesebuch, S. 122) die Bedeutung der folgenden lateinischen Wörter: *condere* ↔ *perdere* ↔ *prodere* - *opprimere* ↔ *exprimere* - *deligere* ↔ *diligere* - *deducere* ↔ *producere.*
- Unterscheiden Sie: **1.** *Cicero prudentem se praebuit.* **2.** *Sol et luna hominibus spectaculum praebent.* **3.** *Zeno sapientem se praestitit.* **4.** *Zeno multos sapientia praestitit.* **5.** *Philosophus pietatem praestitit.*
- Übersetzen Sie - auch unter Zuhilfenahme Ihres Wörterbuches - folgende Wendungen mit dem Ablativus modi: *eodem modo* - *nullo pacto* - *ea lege* - *more maiorum* - *iure* - *casu.*

G

Indirekte Fragesätze → S. 22

Indirekte Fragesätze lassen sich in **Wortfragen**, **Satzfragen** und **Doppelfragen** unterteilen. Sie sind von einem übergeordneten Verb abhängig und stehen daher im **Konjunktiv**, der im Deutschen in der Regel im Indikativ wiedergegeben wird.
Wortfragen werden mit einem Fragewort, Satzfragen mit *-ne* oder *num* (ob), Doppelfragen mit *utrum - an* bzw. *-ne - an* (ob - oder; verneint: *utrum - necne*; *-ne - necne*) eingeleitet.
Nach Ausdrücken des Nichtwissens oder Zweifelns (z.B. *haud scio*, *nescio*, *dubium est*) steht *an* (ob nicht) bzw. *an non* (ob).

Scipio rogat, quae res publica optima sit.	Scipio fragt, welcher Staat der beste ist.
Laelius rogat, num constitutio firmitudinem habeat.	Laelius fragt, ob die Verfassung Stärke hat.
Laelius rogat, utrum Romani an aliae civitates optimam rem publicam habeant.	Laelius fragt, ob die Römer oder andere Bürgerschaften den besten Staat haben.
Nescimus, an ea res publica optima sit.	Wir wissen nicht, ob dieser Staat nicht der beste ist. (= Vielleicht ist dieser Staat der beste.)

Zu Formeln erstarrt sind Wendungen wie

haud scio an	vielleicht
nescio quis	irgendwer
nescio quomodo	irgendwie

- Übersetzen Sie und bestimmen Sie, welche Art des indirekten Fragesatzes jeweils vorliegt: **1.** *Deliberandum est, utrum iusta an in-iusta res publica sit.* **2.** *Quaeritur, quod exordium rei publicae sit.* **3.** *Scipio dicit, quo modo nimia libertas in nimiam servitutem cadat.* **4.** *Philosophi disserunt, num reges Romanis honori fuerint.* **5.** *Nescimus, an pastores Romulum sustulerint et aluerint.*

G

AcI / NcI → S. 17; 28

- Übersetzen Sie: *Romulus ad Tiberim expositus esse fertur. Memoriae traditum est Romulum a pastoribus alitum omnibus praestitisse. Constat eum Albam Longam oppressisse et Amulium regem interfecisse. Postea Romam condidisse dicitur. Senserat enim locum idoneum deligi oportere.*

Text 9: *De rep.* 3,18–19; 33

W

- Erschließen Sie die Bedeutung der folgenden französischen Wörter aus ihrem jeweiligen lateinischen Ursprungswort, z. B. amour ~ Liebe (*amor*): patience – séquelle – médiocrité – congruent – constant – frauder.
- Bestimmen Sie folgende Formen von *quicumque* und *quisque*: *uniuscuiusque – quidque – quaecumque – quemque – quoque.*
- Durch eine Verdoppelung oder ein angehängtes *-que* wird eine Verallgemeinerung ausgedrückt. Übersetzen Sie folgende Formen: *quisquis – utcumque – ubicumque – qualiscumque – quotquot – quoquo modo.*

G **Konjunktionen**

Konjunktionen leiten Hauptsätze ein und verknüpfen diese logisch miteinander. Das ist vor allem für das Verständnis und die Interpretation von Texten wichtig.
Die wichtigsten Konjunktionen sind:

kausal:	nam, enim, etenim	denn / nämlich
konsekutiv:	itaque, igitur, ergo	deshalb / also / folglich
adversativ:	sed, autem, at, atqui	aber / doch
anknüpfend:	et, -que, atque / neque	und / und nicht
	etiam, quoque / neque	auch / auch nicht

- Erschließen Sie mithilfe der Konjunktionen die Argumentationslinie in den Zeilen 1–15.

G **Gerundium** → S. 18

- Übersetzen Sie: *Homines natura beate vivendi cupidi sunt. Philosophia autem homines iubendo aut vetando ad virtutem ducit. Natura quoque idonea est ad hortandum et monendum. Beate vivendi causa homines saepe multum temporis in disputando consumunt. Saepe de arte vera a falsis diiudicandi disserunt.*

Text 10: *De rep.* 3,24; 27–28

W

- Geben Sie jeweils die Bedeutung und mindestens ein Wort aus derselben Wortfamilie mit seiner Bedeutung an, z. B. *spiritus* (Geist, Atem) ~ *spirare* (atmen): *divitiae – frui – dominari – efficere – illustris – insignis – colere – demens.*
- Unterscheiden Sie: *accedere* ↔ *accidere – omittere* ↔ *dimittere – colligere* ↔ *deligere* ↔ *diligere.*

G **Ablativus qualitatis**

Der **Ablativus qualitatis** (Ablativ der Beschaffenheit) kennzeichnet eine Eigenschaft. Er kann **attributiv** sowie **prädikativ** verwendet werden.

vir magno ingenio	ein Mann von großer Begabung / ein sehr begabter Mann
Hic vir magno ingenio est.	Dieser Mann hat eine große Begabung / ist sehr begabt.

Gleichbedeutend kann der **Genitivus qualitatis** (Genitiv der Beschaffenheit) verwendet werden:

vir magni ingenii	ein Mann von großer Begabung / ein sehr begabter Mann
Hic vir magni ingenii est.	Dieser Mann hat eine große Begabung / ist sehr begabt.

▶ Übersetzen Sie möglichst prägnant: **1.** *Puer, qui decem annorum est, bono animo est.* **2.** *Femina magni ingenii summaque prudentia est.* **3.** *Mercator, qui vestes et eius modi res vendit, vultu laeto est.*

G **Doppelter Akkusativ**

Ein **doppelter Akkusativ** tritt vor allem bei folgenden Verben auf: *putare, ducere, dicere, appellare, habere, facere, reddere.* Stehen dieselben Verben im Passiv, liegt ein **doppelter Nominativ** vor.

Puto / Duco virtutem expetendam.	Ich halte die Tüchtigkeit für erstrebenswert.
Dico / Appello / Voco Socratem sapientem.	Ich bezeichne Sokrates als weise.
Virtus vitam beatam facit / reddit.	Die Tüchtigkeit macht das Leben glücklich.
Te amicum habeo.	Ich habe dich zum Freund.
Virtus solum bonum nominatur.	Die Tüchtigkeit wird als einziges Gut bezeichnet.
Voluptas bonum habenda non est.	Die Lust darf nicht für ein Gut gehalten werden.

G NcI → S. 17

▶ Übersetzen Sie: *Homines scelerati nefarii esse putantur, quia legem naturae neglegunt, quam praeclaram ducimus. Lex naturae autem a deis orta esse fertur. Quae lex, quam Stoici rationem rectam nominant, homines sapientes facit et vitam beatam reddit. Legem autem sequentes nos integros praestamus et homines sapientes amicos habemus. Sic beate vivere putamur.*

Text 11: ***De rep.* 3,34–37**

W

▶ Geben Sie – auch unter Zuhilfenahme eines Wörterbuches oder einer Wortkunde – jeweils ein Antonym zu den folgenden Wörtern an, z. B. *laetus* (fröhlich) ⟷ *tristis*: *exstinguere* – *melior* – *infirmus*.

▶ Geben Sie – auch unter Zuhilfenahme eines Wörterbuches oder einer Wortkunde – jeweils ein Synonym zu den folgenden Wörtern an, z. B. *beatus* (glücklich) ~ *felix*: *suscipere* – *conferre* – *interire* – *ideo* – *praeesse*.

▶ Bestimmen Sie folgende Formen: *suscipi* (Z. 1) – *intereat* (Z. 7) – *ulciscendi* (Z. 9) – *potitus est* (Z. 14) – *fieri* (Z. 17).

G **Gerundium und Gerundiv** → S. 18
AcI / NcI → S. 17; 28

▶ Übersetzen Sie: *Cicero dicit in re publica maxime conservanda esse iura bellandi. Bella quidem suscipienda esse videntur ob eam causam, ut sine iniuria in pace vivatur; parta autem victoria ei conservandi sunt, qui non crudeles in bello, non immanes fuerunt. Paci autem semper est consulendum. Eis quidem, quos vi deviceris, consulendum esse perspicuum est; libidinem ulciscendi fugiamus! Parcendo enim praecepta maiorum tenemus.*

Text 12: *De rep.* 5,1
Text 13: *Cat.* 9–10

W

- Bestimmen Sie - auch unter Zuhilfenahme eines Wörterbuches oder einer Wortkunde - folgende Wortformen: *brevitate* (T 12, Z. 2) - *vaste* (T 12, Z. 6) - *reddenda* (T 12, Z. 18f.) - *domi* (T 13, Z. 5) - *parci* (T 13, Z. 5).
- Erschließen Sie die Bedeutung der folgenden italienischen Wörter aus ihrem jeweiligen lateinischen Ursprungswort, z. B. amore ~ Liebe (*amor*): verità - vetusto - colorare - discordare - miserabile - invasione.

G

Adverbialsätze mit Konjunktiv und Indikativ

Adverbialsätze geben nähere Angaben zu den Umständen der im Hauptsatz dargestellten Handlung. Nach der Sinnrichtung unterscheidet man Temporal- (z. B. als), Modal- (z. B. indem), Kausal- (z. B. weil, da), Konzessiv- (z. B. obwohl), Kondizional- (z. B. wenn), Final- (z. B. damit), Konsekutiv- (so dass), Komparativ- (z. B. wie wenn) oder Adversativsätze (z. B. während).

Nach folgenden Subjunktionen steht das Prädikat des Nebensatzes meist im **Indikativ**:

antequam	ehe, bevor (Temporalsatz)
cum	(immer), wenn; als plötzlich (Temporalsatz)
	dadurch, dass; indem (Modalsatz)
cum primum	sobald (Temporalsatz)
donec / dum	solange als / bis (Temporalsatz)
dum (mit Ind. Präs.)	während (Temporalsatz)
etsi, etiamsi	auch wenn (Kondizionalsatz; oft im Irrealis / Potentialis)
(ni)si	wenn (nicht) (Kondizionalsatz; oft im Irrealis / Potentialis)
quodsi	wenn nun, wenn aber (Kondizionalsatz; oft im Irrealis / Potentialis)
sin (autem)	wenn aber (Kondizionalsatz; oft im Irrealis / Potentialis)
postquam (mit Ind. Perf.)	nachdem (Temporalsatz)
priusquam	ehe, bevor (Temporalsatz)
quamquam	obwohl (Konzessivsatz)
quia, quod	weil (Kausalsatz)
quod	dass (faktisch)
quoniam	da ja (Kausalsatz)
quotiens	so oft, jedes Mal, wenn (Temporalsatz)
ubi (primum) (mit Ind. Perf.)	sobald (Temporalsatz)
ut ... (ita)	wie (Komparativsatz)
ut (primum) (mit Ind. Perf.)	sobald (Temporalsatz)

Nach folgenden Subjunktionen steht das Prädikat des Nebensatzes im **Konjunktiv**:

cum	als, nachdem (Temporalsatz)
	weil (Kausalsatz)
	obwohl (Konzessivsatz)
	während (hingegen) (Adversativsatz)
quamvis	obwohl (Konzessivsatz)
quasi / tamquam	so als ob, wie wenn (Komparativsatz)
quo (= ut eo)	damit umso (Finalsatz)
ut (ut non)	so dass (nicht) (Konsekutivsatz)
ut (ne)	damit (nicht) (Finalsatz)

- Zeigen Sie - falls nötig, auch mithilfe Ihres Wörterbuches - jeweils die Sinnrichtung der mit den Subjunktionen *nisi* (T 12, Z. 4), *cum* (T 12, Z. 10), *ut* (T 12, Z. 16), *quod* (T 13, Z. 9) sowie *ubi* (T 13, Z. 29) eingeleiteten Adverbialsätze auf. Geben Sie, falls möglich, eine weitere Subjunktion mit gleicher bzw. ähnlicher Bedeutung an.

Text 14: *De rep.* 6,10-12

W

- Erschließen Sie die Bedeutung der folgenden italienischen Wörter aus ihrem jeweiligen lateinischen Ursprungswort, z. B. amore ~ Liebe (*amor*): tradizionale - eccellente - stellato - trionfo - assente.
- Bilden Sie die Stammformen zu *tradere* - *vertere* - *conficere* - *invehi* - *intueri* und finden Sie jeweils ein von diesen Verben abgeleitetes Fremdwort.
- Bestimmen Sie folgende Formen: *trade* (Z. 2) - *coacta* (Z. 4) - *excelso* (Z. 5) - *conficies* (Z. 12) - *invectus eris* (Z. 13) - *intuebuntur* (Z. 22).

G **Futur I und II** → S. 8
Prädikativum → S. 22

- Übersetzen Sie: *Scipio maior ad nepotem: „Cum miles multas urbes deleveris et bella confeceris, maximos honores accipies. Cum triumphos egeris et magistratus gesseris, te senem omnes verebuntur; vivus ut deus coleris. Si salvus inimicos impios effugeris, dictator rem publicam reges."*
- Unterscheiden Sie: **1.** *Haec verba audivi primus.* **2.** *Haec verba audivi prima.* **3.** *Haec verba audivi primum.* **4.** *Haec verba audivi primo.*

Text 15: *De rep.* 6,13-16

W

- Geben Sie - auch unter Zuhilfenahme eines Wörterbuches oder einer Wortkunde - jeweils ein Synonym zu den folgenden Wörtern an, z. B. *beatus* (glücklich) ~ *felix*: *adiuvare* - *morari* - *tueri* - *e vita migrare*.
- Bestimmen Sie folgende Formen: *adiuverint* (Z. 2f.) - *profecti* (Z. 8) - *revertuntur* (Z. 8) - *complexus* (Z. 15) - *tuerentur* (Z. 24) - *migrandum est* (Z. 31).
- Unterscheiden Sie mithilfe der Elemente der Wortbildung folgende Wörter: *hic* ↔ *ille* - *hīc* ↔ *illīc* - *hūc* ↔ *illūc* - *hinc* ↔ *illinc*.

G **Relativsätze** → S. 7
Gerundiv → S. 18

- Begründen Sie die Verwendung des Konjunktivs bei *conservaverint* (Z. 2) und *tuerentur* (Z. 24).
- Übersetzen Sie: *Haec est oratio, quae Socrates apud iudices habuit: „Non desunt, qui mortem malum iudicent. Non est autem, quod mortem timeam: Si vera sunt, quae dicuntur, mortem migrationem in eas oras esse, quas incolunt, qui e vita excesserunt, mors bonum habenda est. Cum autem ad eos venero, qui vere iudices appellentur, et convenero, qui iuste vixerint, beatus ero. Mors ergo vitae, quae dicitur, anteponenda est. Ne vobis quidem, iudices, mors timenda est!"*

Text 16: *De rep.* 6,26; 29

W

- Bestimmen Sie folgende Formen: *cuiusque* (Z. 3) – *quidem* (Z. 4) – *quadam* (Z. 8).
- Erklären Sie die Bedeutung folgender Fremdwörter. Geben Sie dabei jeweils das lateinische Ursprungswort an, das diesen Fremdwörtern zugrunde liegt, z. B. lädiert ~ verletzt (*laedere*): digital – Fragilität – Inklusion – Kontemplation – solvent.

G

Imperativ

Dass ein Satz im **Imperativ** steht, erkennt man an folgenden Endungen (im Zweifelsfall ist auch das Ausrufezeichen hilfreich):

	a-Konj.	e-Konj.	i-Konj.	Kons. Konj.	Depon.
Imp. Sg.	lauda	mone	audi	cape	horta-**re**
Imp. Pl.	lauda-**te**	mone-**te**	audi-**te**	capi-**te**	horta-**mini**

Ausnahmen:

Dic! Sag! Duc! Führe! Fac! Mach!

Achtung bei den Deponentien: Die Form des Imp. Sg. kann leicht mit dem Inf. Präs. Aktiv normaler Verben verwechselt werden. Der Imp. Pl. ist mit der 2. Pers. Pl. Präs. identisch.
Ein verneinter Imperativ wird mit ***ne*** + **Konj. Perf (Prohibitiv)** bzw. ***noli / nolite*** + **Inf.** formuliert.

Ora et labora!	Bete und arbeite!
Gaudete!	Freut euch!
Dic, quid sentias!	Sage, was du denkst!
Sequere rationem!	Folge der Vernunft!
Veremini deos!	Fürchtet die Götter!
Ne desperaveris!	Verzweifle nicht!
Noli(te) timere!	Fürchte(t) dich (euch) nicht!

Der **Imperativ II** ist an die zweite oder dritte Person gerichtet und drückt Gebote aus, die in der Zukunft auszuführen sind.

2. Pers. Sg.	lauda-**to**	du sollst loben
3. Pers. Sg.	lauda-**to**	er / sie soll loben
2. Pers. Pl.	lauda-**tote**	ihr sollt loben
3. Pers. Pl.	lauda-**nto**	sie sollen loben

- Übersetzen Sie: **1.** *Caelestia semper spectato, humana contemnito!* **2.** *Ne mortem timueritis! – Animum exerce!* **3.** *Scito te mortalem esse!* **4.** *Nolite vos voluptatibus corporis dedere!*

G

Participium coniunctum → S. 6

- Bestimmen Sie die Partizipien *contemplans* (Z. 14), *oboedientium* (Z. 17f.) sowie *elapsi* (Z. 18f.) und geben Sie jeweils das Bezugswort an.
- Übersetzen Sie folgenden Text mithilfe des Wörterbuches. Wenden Sie als Übersetzungshilfe Methoden der Satzanalyse an (→ Lesebuch, S. 60f.):
Socrates disseruit duas esse vias animorum e corpore excedentium. Nam qui se humanis vitiis contaminavissent et se totos libidinibus dedissent, iis devium quoddam iter esse, seclusum a concilio deorum; qui autem se integros castosque servavissent quibusque fuisset minima cum corporibus contagio essentque in corporibus humanis vitam imitati deorum, iis ad illos, a quibus essent profecti, reditum facilem patere.

Text 17: *De off.* 1,85-86; 88

W

- Erschließen Sie die Bedeutung der folgenden französischen Wörter aus ihrem jeweiligen lateinischen Ursprungswort, z. B. amour ~ Liebe (*amor*): précepte - désert - clémence - sévérité - punir.
- Bestimmen Sie folgende Formen: *obliti* (Z. 3) - *oderit* (Z. 15) - *quemquam* (Z. 18).
- Unterscheiden Sie: **1.** *Amicum consulo.* **2.** *Amico consulo.* **3.** *In amicum crudeliter consulo.*

G **Prädikatives Gerundiv** → S. 29
Ablativus comparationis → S. 15; 28

- Übersetzen Sie möglichst prägnant: *opinione celerius - plus aequo - luce clarior - vita carior.*
- Übersetzen Sie folgenden Text mithilfe Ihres Wörterbuches. Wenden Sie als Übersetzungshilfe Methoden der Satzanalyse (→ Lesebuch, S. 60f.) und die Markierungen (präd. Gerundiv, abl. comp.) an:

Cavendum est, ne poena plus aequo sit. Prohibenda autem maxime est ira puniendo. Quae omnibus in rebus repudianda est optandumque, ut ii, qui praesunt rei publicae, legum similes sint, quae ad puniendum non iracundia, sed aequitate ducuntur. Virtus autem omnibus maxime expetenda est, qua nihil est in homine praeclarius.

Text 18: Aug., *civ.* 19,21

W

- Geben Sie - auch unter Zuhilfenahme eines Wörterbuches oder einer Wortkunde - jeweils ein Antonym zu den folgenden Wörtern an, z. B. *laetus* (fröhlich) ↔ *tristis: falsus - iustus - aequus* - und nennen Sie mindestens ein Wort aus derselben Wortfamilie.
- Stellen Sie ein lateinisches Wortfeld zu „sprechen, diskutieren" zusammen.

G **Doppelter Akkusativ** → S. 35

- Übersetzen Sie: *Cicero rem publicam rem populi putat. Populum nominat multitudinem et iure et utilitate sociatam. At Augustinus ius Romanorum ius non ducit.*

Übersetzen

1. Cicero hebt die Bedeutung der Heimat für den Menschen hervor (*De off.* 1,57-59 m. Ausl.).

Cari sunt parentes, cari liberi, propinqui, familiares, sed omnes omnium caritates patria una complexa est. Pro qua quis bonus dubitet mortem oppetere, si ei sit profuturus? Quo est detestabilior istorum immanitas, qui lacerarunt omni scelere patriam et in ea funditus delenda occupati et sunt et fuerunt. Sed si contentio quaedam fiat, quibus plurimum tribuendum sit officii, principes sint patria et parentes, quorum beneficiis maximis obligati sumus, proximi liberi totaque domus, quae spectat in nos solos neque aliud ullum potest habere perfugium. Sed in his omnibus officiis tribuendis videndum erit, quid cuique maxime necesse sit et quid quisque vel sine nobis aut possit consequi aut non possit.

2. Cicero zeigt Vorzüge und Probleme der Monarchie auf (*De rep.* 2,43 m. Ausl.).

Ea in re publica, in qua est unus perpetua potestate, praesertim regia, quamvis in ea sit etiam senatus - ut tum fuit Romae, cum erant reges - tamen illud excellit regium nomen neque potest eiusmodi res publica non regnum et esse et vocari. Ea autem forma civitatis mutabilis maxime est hanc ob causam, quod unius vitio in perniciosissimam partem facillime decidit. Nam ipsum regale genus civitatis non modo non est reprehendendum, sed haud scio an reliquis simplicibus longe anteponendum, si ullum probarem simplex rei publicae genus, sed ita (ita: *hier* nur), quoad statum suum retineat. Is est autem status, ut unius perpetua potestate et iustitia uniusque sapientia regatur salus et aequabilitas et otium civium. Desunt autem ei populo multa, qui sub rege est, imprimisque libertas.

3. Darf man sich durch die Schädigung eines anderen einen Vorteil verschaffen (*De off.* 3,30-32 m. Ausl.)?

Si quid ab homine ad nullam partem utili utilitatis tuae causa detraxeris, inhumane feceris contraque naturae legem. Sin autem is tu sis, qui multam utilitatem rei publicae atque hominum societati, si in vita remaneas, adferre possis, si quid ob eam causam alteri detraxeris, non sit reprehendendum. Sin autem id non sit eiusmodi, suum cuique incommodum ferendum est potius quam de alterius commodis aliquid detrahendum. Non igitur magis est contra naturam morbus quam appetitio alieni, sed communis utilitatis derelictio contra naturam est; est enim iniusta. Itaque lex ipsa naturae, quae utilitatem hominum conservat et continet, decernet profecto, ut ab homine inerti atque inutili ad sapientem, bonum, fortem virum transferantur res ad vivendum necessariae. Nam, quod ad Phalarim attinet, perfacile iudicium est. Nulla est enim societas nobis cum tyrannis, sed summa distractio; neque est contra naturam spoliare eum, si possis, quem est honestum necare, atque hoc omne genus pestiferum atque impium ex hominum communitate exterminandum est.

▶ Übersetzen Sie die Texte mithilfe Ihres Wörterbuches. Wenden Sie als Übersetzungshilfe Methoden der Satzanalyse an (→ Lesebuch, S. 60f.).

Interpretieren

Cicero, *Cato maior de senectute* 82
Cato erklärt seine Lebenseinstellung:

Nemo umquam mihi, Scipio, persuadebit aut patrem tuum Paulum aut duos avos, Paulum et Africanum, aut multos praestantes viros, quos enumerare non est necesse, tanta esse conatos, quae ad posteritatis memoriam pertinerent, nisi animo cernerent posteritatem ad se ipsos pertinere. Anne censes, ut de me ipse aliquid more senum glorier, me tantos labores diurnos nocturnosque domi militiaeque suscepturum fuisse, si eisdem finibus gloriam meam, quibus vitam, essem terminaturus? Nonne melius multo fuisset otiosam et quietam aetatem sine ullo labore et contentione traducere? Sed nescio quo modo animus erigens se posteritatem ita semper prospiciebat, quasi, cum excessisset e vita, tum denique victurus esset. Quod quidem ni ita se haberet, ut animi immortales essent, haud optimi cuiusque animus maxime ad immortalitatem et gloriam niteretur.

Niemand wird mich jemals, Scipio, davon überzeugen können, dass entweder dein Vater Paulus oder deine beiden Großväter, Paulus und Africanus, oder viele andere hervorragende Männer, die aufzuzählen nicht nötig ist, so Großes versucht hätten, was der Erinnerung bei den Nachkommen dient, wenn sie nicht in ihrem Geist gesehen hätten, dass die Zukunft sie auch selbst betrifft. Oder meinst du etwa, damit ich nach Art der alten Männer auch etwas an mir selbst rühme, dass ich mich so großen Strapazen bei Tag und bei Nacht, im Krieg und im Frieden unterzogen hätte, wenn ich meinen Ruhm mit denselben Grenzen wie mein Leben hätte begrenzen wollen? Wäre es denn da nicht viel besser gewesen, ruhig und still meine Zeit ohne Anstrengung und Streit zu verleben? Aber irgendwie hatte mein Geist, wenn er sich erhob, die Zeit nach dem Tod immer so vor Augen, als ob er erst dann leben würde, wenn er aus dem Leben geschieden wäre. Wenn es sich freilich nicht so verhielte, dass die Seelen unsterblich wären, würde nicht der Geist gerade der Besten besonders zu Unsterblichkeit und Ruhm hinstreben.
(Übersetzung: C. Zitzl)

▶ Interpretieren Sie ausgehend vom lateinischen Original den Text nach dem Muster von S. 28f. im Lesebuch.

Paraphrasieren

1. Cicero, *Cato maior de senectute* 84

Quid habet vita commodi? Quid non potius laboris? Sed habeat sane, habet certe tamen aut satietatem aut modum. Non libet enim mihi deplorare vitam, quod multi, et ei docti, saepe fecerunt, neque me vixisse paenitet, quoniam ita vixi, ut non frustra me natum existimem, ut ex vita ita discedo tamquam ex hospitio, non tamquam e domo. Commorandi enim natura deversorium nobis, non habitandi dedit. O praeclarum diem, cum in illud divinum animorum concilium coetumque proficiscar cumque ex hac turba et colluvione discedam!

2. Seneca, *Epistulae morales* 73,1–2

Errare mihi videntur, qui existimant philosophos contemptores esse magistratuum aut regum eorumve, per quos publica administrantur. Ex contrario enim nulli adversus illos gratiores sunt, nec immerito. Nullis enim plus praestant quam iis, quibus frui tranquillo otio licet. Itaque necesse est, ut ii, quibus multum ad propositum bene vivendi confert securitas publica, auctorem huius boni ut parentem colant.

▶ Paraphrasieren Sie die Texte mithilfe Ihres Wörterbuches und zeigen Sie an ihnen jeweils den Zusammenhang zwischen Politik und Philosophie auf.

Übersetzungsteil

Übersetzen

1. Cicero, *De rep.* 2,45-47

Rex ille, de quo loquor, optimi regis caede maculatus integra mente non erat. Et cum metueret ipse poenam sceleris sui summam, metui se volebat. Deinde victoriis divitiisque subnixus exultabat insolentia neque suos mores regere poterat neque suorum libidines. Itaque cum maior eius filius Lucretiae, Conlatini uxori, vim attulisset mulierque pudens et nobilis ob illam iniuriam sese ipsa morte multavisset, tum vir ingenio et virtute praestans L. Brutus depulit a civibus suis iniustum illud durae servitutis iugum. Qui cum privatus esset, totam rem publicam sustinuit primusque in hac civitate docuit in conservanda civium libertate esse privatum neminem. Quo auctore concitata civitas recordatione superbiae Tarquinii exulem et regem ipsum et liberos eius et gentem Tarquiniorum esse iussit.
Videtisne igitur, ut de rege dominus exstiterit uniusque vitio genus rei publicae ex bono in deterrimum conversum sit? Hic est enim dominus populi, quem Graeci tyrannum vocant. Nam regem illum volunt esse, qui consulit ut parens populo conservatque eos, quibus est praepositus, in quam optima condicione vivendi - sane bonum, ut dixi, rei publicae genus, sed tamen inclinatum ad perniciosissimum statum.

2. Seneca, *Epistulae morales* 73,13-16

Quemadmodum ex duobus sapientibus is, qui senior decessit, non est beatior eo, cuius intra pauciores annos terminata virtus est, sic deus non vincit sapientem felicitate, etiam si vincit aetate: non est virtus maior, quae longior. Iuppiter omnia habet, sed nempe aliis tradidit habenda. Ad ipsum hic unus usus pertinet, quod utendi omnibus causa est. Sapiens tam aequo animo omnia apud alios videt contemnitque quam Iuppiter et hoc se magis suspicit, quod Iuppiter uti illis non potest, sapiens non vult. Credamus itaque Sextio monstranti pulcherrimum iter et clamanti „hac itur ad astra, hac secundum frugalitatem, hac secundum temperantiam, hac secundum fortitudinem"! Non sunt dei fastidiosi, non invidi. Admittunt et ascendentibus manum porrigunt.
Miraris hominem ad deos ire? Deus ad homines venit, immo, quod est propius, in homines venit. Nulla sine deo mens bona est. Semina in corporibus humanis divina dispersa sunt. Quae si bonus cultor excipit, similia origini prodeunt et paria iis, ex quibus orta sunt, surgunt. Si malus, non aliter quam humus sterilis ac palustris necat ac deinde creat purgamenta pro frugibus. Vale!

3. Seneca, *Epistulae morales* 76,3-6

Tam diu discendum est, quemadmodum vivas, quamdiu vivas. Ego tamen illic (dort; d.h. in der Schule) aliquid et doceo. Quaeris, quid doceam? Etiam seni esse discendum. Pudet autem me generis humani, quotiens scholam intravi. Praeter ipsum theatrum Neapolitanorum, ut scis, transeundum est petenti Metronactis (Metronax, actis: Metronax, der Lehrer des Seneca) domum. Illud quidem fartum est et ingenti studio, quis sit pythaules bonus, iudicatur. Habet tubicen quoque Graecus et praeco concursum. At in illo loco, in quo vir bonus quaeritur, in quo vir bonus esse discitur, paucissimi sedent - et hi plerisque videntur nihil boni negotii habere, quod agant. Inepti et inertes vocantur. Mihi contingat iste derisus! Aequo animo audienda sunt inperitorum convicia et ad honesta vadenti contemnendus est ipse contemptus.
Perge, Lucili, et propera, ne tibi accidat quod mihi, ut senex discas! Immo ideo

magis propera, quoniam id nunc adgressus es, quod perdiscere vix senex possis! „Quantum“, inquis „proficiam?“ Quantum temptaveris. Quid expectas? Nulli sapere casu obtigit. Pecunia veniet ultro, honor offeretur, gratia ac dignitas fortasse ingerentur tibi. Virtus in te non incidet. Ne levi quidem opera aut parvo labore cognoscitur.

Aufgabenteil

Anforderungsbereich 1

▸ Stilmittel erkennen

Welche Stilmittel erkennen Sie in den folgenden Ausschnitten aus den Übersetzungstexten? Geben Sie zwei Stilfiguren mit den entsprechenden lateinischen Belegstellen an.

a) Qui cum privatus esset, totam rem publicam sustinuit primusque in hac civitate docuit in conservanda civium libertate esse privatum neminem. Quo auctore concitata civitas recordatione superbiae Tarquinii exulem et regem ipsum et liberos eius et gentem Tarquiniorum esse iussit.

b) Credamus itaque Sextio monstranti pulcherrimum iter et clamanti „hac itur ad astra, hac secundum frugalitatem, hac secundum temperantiam, hac secundum fortitudinem“.

c) Pecunia veniet ultro, honor offeretur, gratia ac dignitas fortasse ingerentur tibi: virtus in te non incidet.

▸ Wortfelder erschließen / Wortformen zuordnen

a) Stellen Sie jeweils vier lateinische Substantive zu den Wortfeldern „Herrschaft", „Tugend" und „Lernen" zusammen. Die Übersetzungstexte 1, 2 und 3 bieten Ihnen jeweils Anhaltspunkte.

b) Wählen sie aus der folgenden Liste alle Partizipien aus.
monte - complosis - classis - absentibus - omnibus - confusa - mirantium - fontium

c) Wählen sie aus der folgenden Liste alle *nd*-Formen aus.
unda - condenda - amandi - scandere - defendendo - funda - detrahendis - mundus

▶ Metrik analysieren

Analysieren Sie die folgenden Verse metrisch, indem Sie Längen und Kürzen auf Ihr Arbeitsblatt schreiben und die einzelnen Verselemente (Metren) gegeneinander abgrenzen.

a) Perge modo atque hinc te reginae ad limina perfer!
Aspice bis senos laetantes agmine cycnos!

b) Hoc erat in votis: modus agri non ita magnus,
hortus ubi et tecti vicinus iugis aquae fons.

c) Saepe tibi studioso animo verba ante requirens
carmina uti possem vertere Battiadae.

▶ Syntax analysieren

Analysieren Sie nach einer Ihnen geläufigen Methode die syntaktische Struktur (das Satzgefüge) der folgenden Sätze.

a) Tuli graviter et acerbe, iudices, in eum me locum adduci, ut aut eos homines spes falleret, qui opem a me atque auxilium petissent, aut ego, qui me ad defendendos homines ab ineunte adulescentia dedissem, tempore atque officio coactus ad accusandum traducerer.

b) Sed antequam ad eam orationem venio, quae est propria vestrae quaestionis, videntur ea mihi esse refutanda, quae et in senatu ab inimicis saepe iactata sunt et in contione ab improbis et paulo ante ab accusatoribus, ut omni errore sublato rem plane, quae veniat in iudicium, videre possitis.

▶ Sachwissen wiedergeben bzw. anwenden

a) Geben Sie in knappen Worten wieder, welche Bedeutung Lucilius für die lateinische Satire hat.

b) Ordnen sie jedem homerischen Helden die zutreffende Eigenschaft zu.

1) Ulixes	2) Achilles	3) Nestor	4) Aeneas
A) sapientia	B) fortitudo	C) calliditas	D) pietas

c) Nennen Sie vier Bauwerke bzw. Kunstwerke, die Augustus für seine Propaganda nutzte.

d) Ordnen Sie jedes der folgenden Zitate seinem Autor zu.

1) Quidquid id est, timeo Danaos et dona ferentes	A) Ovid
2) Vivamus, mea Lesbia, atque amemus!	B) Horaz
3) Carpe diem, quam minimum credula postero!	C) Vergil
4) Quamvis sint sub aqua, sub aqua maledicere temptant.	D) Catull

Anforderungsbereich 2

▸ Fremdsprachliche Texte verstehen

Erfassen Sie zwei wesentliche Informationen, die in den folgenden italienischen Texten enthalten sind, und führen Sie die markierten italienischen Wörter auf ihren lateinischen Ursprung zurück.

a) Benito Mussolini avevo sempre avuto una forte predilezione per Giulio Cesare, ma dopo la conquista dell' Etiopia, compiuta nel 1936, e il conseguente annuncio della resurrezione dell' impero romano, propose se stesso come il nuovo Augusto.

b) La fine delle guerre civili fu abilmente presentata quale epoca di pace, prosperita e abbondanza: divennero allora centrali concetti quali pax, pietas, concordia, cantati di poeti del calibro di Virgilio e Orazio, e da tutti gli intellettuali radunati nel circulo cosidetto di Mecenate.

▸ Philosophische Systeme erkennen

Ordnen Sie die folgenden Textstellen in ein philosophisches System der Antike ein. Belegen Sie Ihre Entscheidung jeweils mit zwei Gesichtspunkten aus dem Text.

a) Si quis hoc robore animi atque hac indole virtutis atque continentiae fuit, ut respueret omnes voluptates omnemque vitae suae cursum in labore corporis atque in animi contentione conficeret, quem non quies, non remissio, non aequalium studia, non ludi, non convivia delectarent, nihil in vita expetendum putaret, nisi quod esset cum laude et cum dignitate coniunctum, hunc mea sententia divinis quibusdam bonis instructum atque ornatum puto.

b) Praeterea et appetendi et refugiendi et omnino rerum gerendarum initia proficiscuntur aut a voluptate aut a dolore. Quod cum ita sit, perspicuum est omnis rectas res atque laudabilis eo referri, ut cum voluptate vivatur. Quoniam autem id est vel summum bonorum vel ultimum vel extremum - quod Graeci telos nominant -, quod ipsum nullam ad aliam rem, ad id autem res referuntur omnes, fatendum est summum esse bonum iucunde vivere.

▸ Wesentliche Aspekte der gelesenen Autoren nachweisen, erkennen und / oder erläutern

a) Erläutern Sie ausgehend vom Begriff der *pietas* kurz, warum Vergil bei der Darstellung des Äneas diesen stets als *pius* qualifiziert.

b) Erklären Sie, warum mit dem Satz *Cecini pascua, rura, duces* Vergil beschrieben wird.

c) „Die Überhöhung des Augustus war wesentlich auch ein Werk seiner Untertanen." (M. Zimmermann). Untersuchen Sie, inwiefern Schriftsteller zur Überhöhung des Augustus beigetragen haben.

d) Weisen Sie drei parodistische Elemente in Petrons *Cena Trimalchionis* nach.

e) Arbeiten Sie aus dem Text drei typische Merkmale des Trimalchio heraus.

Potantibus ergo nobis et accuratissime lautitias mirantibus larvam argenteam attulit servus sic aptatam, ut articuli eius vertebraeque laxatae in omnem partem flecterentur. Hanc cum super mensam semel iterumque abiecisset et catenatio mobilis aliquot figuras exprimeret, Trimalchio adiecit:
Eheu nos miseros, quam totus homuncio nil est!
Sic erimus cuncti, postquam nos auferet Orcus.
Ergo vivamus, dum licet esse bene!

Während wir also alle soffen und mit größter Sorgfalt den Luxus anstaunten, trug ein Diener ein silbernes Gespenst herbei, das so gefertigt war, dass seine Gliedmaßen und lockeren Gelenke, nach jeder Seite gedreht werden konnten. Nachdem er dieses einmal und dann nochmal auf den Tisch geworfen hatte und die bewegliche Verkettung einige Gestalten zum Ausdruck brachte, fügte Trimalchio hinzu:
Ach wir Armen, wie ist doch der ganze Mensch ein Nichts!
So werden wir alle sein, nachdem uns der Tod hinwegtragen wird.
Also lasst uns leben, solange es uns erlaubt ist, es uns gut gehen zu lassen!
(Übersetzung: C. Zitzl)

f) Erklären Sie, warum man folgenden Liedtext von Claudia Koreck als „epikureisch" bezeichnen kann. Drei Aspekte genügen.

Leben und Zeit / Liebe und Leid / Irgendwann alles Vergangenheit / Doch bis es soweit ist / Sitze ich da / und genieß' jeden Augenblick / bis er vergangen ist.

g) „Hilf dir selbst, dann hilft dir Gott!" Vergleichen Sie diesen Ausspruch mit dem stoischen oder dem epikureischen Weg zum Glück. Drei Aspekte genügen.

h) Weisen Sie am Text drei typische Elemente des ciceronianischen Staatsverständnisses nach.

Simulatque enim se inflexit hic rex in dominatum iniustiorem, fit continuo tyrannus, quo neque taetrius neque foedius nec dis hominibusque invisius animal ullum cogitari potest. Qui quamquam figura est hominis, morum tamen immanitate vastissimas vincit beluas. Quis enim hunc hominem rite dixerit, qui sibi cum suis civibus, qui denique cum omni hominum genere nullam iuris communionem, nullam humanitatis societatem velit?

Sobald nämlich dieser König sich einer ungerechteren Alleinherrschaft zugewendet hat, wird er sofort zum Tyrann, im Vergleich zu dem man sich kein Lebewesen denken kann, das hässlicher und abscheulicher und Göttern und Menschen verhasster wäre als dieser. Obwohl er nämlich Menschengestalt hat, übertrifft er dennoch an Rohheit seiner Sitten die rohsten Untiere. Wer nämlich dürfte wohl den zu Recht einen Menschen nennen, der für sich mit seinen Bürgern, der schließlich sogar mit dem ganzen Menschengeschlecht keine Rechtsgemeinschaft und keine auf Menschlichkeit beruhende Verbindung will.
(Übersetzung: C. Zitzl)

i) Skizzieren Sie den Verfassungskreislauf nach Polybios und erklären Sie, wie Cicero glaubte, diesen überwinden zu können.

j) Untersuchen Sie an einem Beispiel Ihrer Wahl, ob die von Livius geschilderten Helden der römischen Frühzeit auch für heutige Jugendliche noch moralische Vorbilder abgeben können.

k) Erläutern Sie, warum man die folgende Passage aus Livius Geschichtswerk (*Liv.* 1,19) als vergilianisch bezeichnen könnte.

Ianum ad infimum Argiletum indicem pacis bellique fecit, apertus ut in armis esse civitatem, clausus pacatos circa omnes populos significaret. Bis deinde post Numae regnum clausus fuit, semel T. Manlio consule post Punicum primum perfectum bellum, iterum - quod nostrae aetati di dederunt, ut videremus - post bellum Actiacum ab imperatore Caesare Augusto pace terra marique parta.

Den Janustempel am Ende des Argiletums machte er [d.h. König Numa] zu einem Anzeiger für Frieden und Krieg, sodass er geöffnet anzeigte, dass die Bürgerschaft unter Waffen stand, wenn er aber geschlossen war, dass alle Völker ringsum befriedet waren. Zweimal war er seit der Königsherrschaft Numas seither geschlossen, einmal unter dem Konsulat des T. Manlius nach Beendigung des ersten Punischen Krieges, und zum zweiten Mal - was die Götter zu sehen unserer Zeit vergönnten - nach dem Krieg von Actium, nachdem vom Imperator Caesar Augustus zu Wasser und zu Lande Frieden geschaffen worden war.

Anforderungsbereich 3

▸ Texte interpretieren

Zur Übung dieser Kompetenz sei auf die den einzelnen Autoren zugeordneten Kompetenzseiten (S. 14; 26; 41) verwiesen.

Synopse: „Abiturtraining“, „Aurea aetas“ und „Lebens(t)raum Staat“

Abiturtraining	
Augustus	Aurea aetas
S. 5	S. 26

Abiturtraining	
Vergil	Aurea aetas
Text 1, S. 6	S. 52
Text 2, S. 7	S. 54
Text 3, S. 8	S. 56
Text 6, S. 10	S. 58
Text 7, S. 11	S. 60
Text 8, S. 11	S. 63
Text 9, S. 12	S. 68

Abiturtraining	
Horaz	Aurea aetas
Text 2, S. 15	S. 52

Abiturtraining	
Ovid	Aurea aetas
S. 15	S. 76

Abiturtraining	
Livius	Aurea aetas
Text 1, S. 17	S. 31
Text 3, S. 17	S. 34
Text 4, S. 19	S. 36
Text 5, S. 19	S. 38
Text 6, S. 20	S. 41
Text 7, S. 21	S. 43
Text 8, S. 22	S. 45
Text 9, S. 23	S. 47
Text 10, S. 23	S. 49

Abiturtraining	
Cicero	Lebens(t)raum Staat
Text 2, S. 27	S. 9
Text 3, S. 27	S. 10
Text 4, S. 29	S. 12
Text 5, S. 30	S. 14
Text 6, S. 31	S. 16
Text 7, S. 32	S. 18
Text 10, S. 34	S. 22
Text 11, S. 35	S. 26
Text 12, S. 36	S. 34
Text 13, S. 36	S. 34
Text 14, S. 37	S. 38
Text 15, S. 37	S. 40
Text 16, S. 38	S. 42

Lösungen – 1. Augustus: Wortschatz und Grammatik

Text: *Res gestae* 34

W

▶ die Herrschaft erlangen - den Staat in die Entscheidungsgewalt des Senats übergeben - der Tüchtigkeit wegen - an Einfluss alle übertreffen

G **Ablativus mensurae, Genitivus partitivus, verschränkter Relativsatz**

▶ 1. Seelischer Schmerz ist viel bedrückender als körperlicher Schmerz. 2. Lasst uns ein wenig bedeutsamere Dinge auf uns nehmen! 3. Ein dummer Mensch hat nichts von Weisheit. 4. Was gibt es Neues unter der Sonne? 5. Cicero, von dem bekannt ist, dass er sich um den Staat verdient gemacht hat / der sich bekanntermaßen um den Staat verdient gemacht hat, ist von Antonius ermordet worden. 6. Nicht alle Menschen, von denen wir glauben, dass sie mächtig sind / die unserer Meinung nach mächtig sind, sind auch glücklich.

2 Vergil: Wortschatz und Grammatik

Text 1: *Aen.* 1,1-11

W

▶ durch das Schicksal flüchtig / Flüchtling - an die Küsten kommen - über Länder und Meer getrieben werden - durch die Gewalt der Götter - wegen des Zorns der wilden Juno - viele Dinge im Krieg erleiden - eine Stadt gründen - durch Beleidigung einer Gottheit / weil eine Gottheit beleidigt wurde - so viele Strapazen auf sich nehmen

▶ Steine / Felsbrocken wälzen - die Bücher Vergils aufrollen (lesen) - vieles im Geiste hin- und herwälzen / überlegen - Unglücksfälle durchlaufen / durchleben - die Jahre rollen dahin

G **Participium coniunctum, Ellipse**

▶ Nachdem Äneas über Land und Wasser geworfen worden war, kam er nach Italien. Dort gründete er, der vieles im Krieg erlitten hatte, eine neue Stadt, von wo das Geschlecht der Latiner, (von wo) die Väter von Alba Longa, (von wo) die Mauern des hochaufragenden Roms herstammen. Sage / Künde, Muse, was die Göttin Juno in ihrem Schmerz veranlasst hat, Äneas so viele Strapazen anzubefehlen. Gibt es so große Zornausbrüche bei Göttern?

Text 2: *Aen.* 1,229-283

W

▶ mit ewigwährenden Befehlsvollmachten herrschen - so viele Todesfälle erleiden - die Jahre rollen dahin - jemanden in die Herrschaft wiedereinsetzen - zu den Himmelsgestirnen emportragen - viele Jahre durch Herrschaft ausfüllen - die Pläne wieder zum Besseren wenden

▶ ***aperto*** ~ offen (*apertus*) - ***chiuso*** ~ geschlossen (*claudere, claudo, clausi, clausum*) - ***triste*** ~ traurig (*tristis*) - ***sentenza*** ~ Sinnspruch, Meinung (*sententia*) - ***cielo*** ~ Himmel (*caelum*) - ***sangue*** ~ Blut (*sanguis*) - ***lavoro*** ~ Arbeit (*labor*) - ***lungo*** ~ lang (*longus*) - ***estate*** ~ Sommer (*aestas*) - ***mese*** ~ Monat (*mensis*) - ***piacere*** ~ gefallen (*placere*)

G **Ablativus absolutus, Relativsätze**

▶ Venus sagt: „O der du die Götter leitest, Jupiter, (er)höre meine Bitten! Klein ist die Flotte des Äneas, weil / nachdem viele Schiffe verlorengegangen sind. Obwohl du eine neue Heimat versprochen hast, wird Äneas dennoch von Italien ferngehalten. Kümmere dich um ihn, dem du eine neue Heimat versprochen hast!" Jupiter antwortete mit einer Miene, mit der er Himmel und Meer bändigt: „Dein Äneas wird eine neue Stadt gründen: Die Römer werden im Dahinrollen der Jahre über den gesamten Erdkreis herrschen."

Text 3: *Aen.* 1,286-296

W

- ***originell*** ← *origo*: Ursprung - ***Kaiser*** ← *Caesar* - ***imperial*** ← *imperium*: Herrschaft - ***famos*** ← *famosus*: berühmt - ***Orient*** ← *oriens*: Osten - ***Votum*** ← *votum*: Wunsch - ***Portal*** ← *porta*: Tor, Tür - ***Prozent*** ← *pro*: Präp. m. Abl. im Verhältnis zu; *centum:* hundert
- der Tag neigt sich dem Abend zu - das Jahr tritt in die Altersphase ein - schon schlafe ich ein - ein Mädchen errötet - die Jungen werden erwachsen

G **Futur I und II**

- Jupiter sagt seiner Tochter Venus die Zukunft voraus: „Es wird Kaiser Augustus geboren werden, der die römische Herrschaft durch das Meer begrenzen wird. Dessen Ruhm wird bis zu den Sternen gelangen. Ihn wirst du, wenn er zum Gott gemacht / geworden sein wird, im Himmel empfangen. Dieser wird dann durch die Bittgebete der Menschen angerufen werden. Glaub mir: Die rauen Kriege werden beendet werden, die goldenen Zeitalter werden zurückkehren. Die Römer werden endlich glücklich sein."

Text 4: *Aen.* 4,362-396

W

- ***nusquam:*** nirgends - ***scilicet:*** selbstverständlich - ***equidem:*** freilich / allerdings - ***saepe:*** oft - ***at:*** jedoch - ***tamen:*** dennoch
- ***aversa*** ← *avertere:* abwenden - ***volvens*** ← *volvere:* wälzen, rollen - ***accensa*** ← *accendere:* anzünden - ***victus*** ← *vincere:* besiegen - ***eiectum*** ← *eicere:* hinauswerfen - ***incensa*** ← *incendere:* anzünden - ***amissam*** ← *amittere:* verlieren - ***absens*** ← *abesse:* weg sein
- ***separare:*** absondern, trennen - ***seiungere:*** trennen - ***secedere:*** weggehen - ***secubare:*** alleine / abseits schlafen - ***sevocare:*** beiseite rufen, abberufen - ***seditio:*** Zwist, Aufstand

G **Satzfragen, Deponentia, Infinitiv Futur**

- Dido, von Schmerz und Zorn entflammt, spricht Äneas an: „Treuloser, so willst du mich zurücklassen? Habe ich dich etwa nicht freundschaftlich aufgenommen? Wirst du etwa durch mein Weinen bewegt? Geh, folge deinem Italien übers Meer hin! Ich hoffe, dass du nach einem Schiffbruch meinen Namen oft rufen wirst." Vergeblich versuchte Äneas den Schmerz Didos durch Trost zu lindern.

Text 5: *Aen.* 6,456-476

W

- mit einer Waffe die letzte Alternative verfolgen (~ sich umbringen) - bei Gestirnen und Göttern schwören - sich dem Anblick entziehen - die Augen auf den Boden geheftet halten - die Sorgen mit jemand teilen - der Liebe jemandes auf gleicher Augenhöhe begegnen - jemandem weithin mit Tränenblicken nachfolgen
- wild blicken - scharf sehen - laut brüllen - ohne Kunst singen

G **Funktionen des Perfekts und Imperfekts, Accusativus Graecus**

- Äneas versuchte (lange Zeit) die von ihm weggehende Dido zurückzuhalten (duratives Imperfekt). Aber vergeblich versuchte er diese mit Worten zu trösten und Tränen bei ihr hervorzurufen (konatives Imperfekt). Jene bewegte ihre Miene nicht; sie schwieg und hielt ihre Augen auf den Boden geheftet (duratives Imperfekt). Dann riss sie sich los und floh in die Ferne (Perfekt, einmalige Handlung).

Text 6: *Aen.* 6,788-805

W

- 1. Augustus wird die goldenen Zeitalter wiederbegründen. 2. Gott Saturn herrschte einst über Italien. 3. Augustus wird die Herrschaft über viele Länder ausbreiten. 4. Atlas lässt die Weltkugel auf seinen Schultern kreisen. 5. Herkules hat nicht so viel von der Welt bereist wie Augustus.

G Partizip Futur Aktiv, licet mit Konjunktiv

- Siehst du, dass Augustus nach seinem Tod in den Himmel kommen wird? Dieser verehrte immer die Götter, um in den Himmel zu kommen. Mögen ihn Gefahren von allen Seiten umdrängt haben, dennoch hatte er keine Angst. Oft sagte er: „Mögen mir Gefahren drohen, ich werde diese tapfer ertragen."

Text 7: *Aen.* 6,847-853

W

- wie beseelt wirkende Bronzen ausarbeiten / schmieden - lebensechte Gesichtsausdrücke aus Marmor meißeln - Prozesse führen - die Gestirnsumläufe des Himmels mit einem Zeigestab nachvollziehen - den Aufgang von Gestirnen / aufgehende Gestirne vorhersagen

G Steigerung der Adverbien

- Anchises sagte: „Höre, Äneas! Andere werden geschmeidiger Bronzestatuen schmieden, besser Prozesse führen. Die Römer jedoch werden gerechter über die Völker herrschen und hartnäckig den Frieden bewahren. Am hartnäckigsten jedoch werden sie Hochmütige niederkämpfen."

Text 8: *Aen.* 8,675-700

W

- ***classis*** ~ *classes* Akk. Pl. der 3. Dekl.: *-is* statt *-es* - ***dis*** ~ *deis* Abl. Pl. der o-Dekl. - ***viris*** ~ *vires* Akk. Pl. der 3. Dekl.: *-is* statt *-es* - ***montis*** ~ *montes* Akk. Pl. der 3. Dekl.: *-is* statt *-es* - ***deum*** ~ *deorum* Gen. Pl. der o-Dekl.: *-um* statt *-orum*
- auf der anderen Seite - mit Unterstützung der Götter - bei günstigen Windverhältnissen - einen Heereszug / eine Flotte anführen - mit den Schiffen auf die hohe See hinaussegeln
- Es handelt sich - kenntlich an der Endung *-scere* - um ein Verbum incohativum: zu erröten beginnen.
- ***volatile ferrum:*** „geflügeltes / schnelles Eisen" - gemeint sind Wurfgeschosse wie Pfeil oder Speer. Das Wort „Waffe" wird metonymisch verfremdet, indem die eiserne Spitze für die Gesamtheit des Gegenstandes steht (*pars pro toto*). Das Adjektiv präzisiert auf poetische Weise die Art der Waffe als Fluggeschoss: *volatilis* kann mit „geflügelt" oder „schnell" wiedergegeben werden. Dichterische Ausdrucksweise lässt bewusst Spielräume für Assoziationen: Pfeile fliegen mit ihren zur Flugstabilisierung am hinteren Ende angebrachten Federn wie Vögel durch die Luft. - ***arva Neptunia:*** „Neptuns Felder" - gemeint sind die Meeresflächen. Hier wird kühn die Begrifflichkeit für Gebiete auf dem Festland (*arva*) auf das Meer übertragen. Durch den Gebrauch des Adjektivs *Neptunius* statt etwa *marinus* wird der Ausdruck ins Mythische verschoben und dem Bereich prosaischer Realität entrückt.

G Historischer Infinitiv, Potentialis

- Augustus und Agrippa stellen ihre Flotte gegen die Schiffe des Antonius und der Kleopatra auf. Auf ein Zeichen hin segeln alle Schiffe plötzlich stürmisch los, das gesamte Meer schäumt auf. Mit ungeheurer Wucht stoßen die feindlichen Flotten zusammen - man könnte glauben, dass mitten auf dem Meer Berge mit Bergen zusammenstoßen. Damals hättest du einen schnell errungenen Sieg des Augustus sehen können.

Text 9: *Aen.* 12,930-952

W

- demütig die Augen zum Sieger erheben – die rechte Hand bittend / im Bittgestus zum Sieger emporstrecken – den Körper des Lebens(lichts) berauben – mit den Augen ein Mahnmal intensiv betrachten (förmlich einsaugen)
- 1. Romulus hat die Stadt gegründet. 2. Augustus wird die goldenen Zeitalter wiederbegründen. 3. Äneas stieß das Schwert tief in die Brust des Turnus hinab.
- die Hände zum Himmel strecken ↔ zu weit mit Hass verfolgen – Wasser schöpfen ↔ mit den Augen etwas intensiv betrachten – die Marschrichtung ändern / vom Weg abbiegen ↔ jemanden durch ein Gespräch umstimmen

G **Deponentia, Prohibitiv**

- Der besiegte Turnus sagte zum Sieger Äneas: „Mach Gebrauch von deinem Glück! Aber hab Mitleid mit meinem Vater! Geh in deinem Hass nicht zu weit! Denn alle haben gesehen, dass ich von dir besiegt worden bin."

3 Vergil: Kompetenztraining

Übersetzen

1.

- Ich bin der fromme Äneas, der ich die vom Feind geraubten Penaten / mit der Flotte mit mir fahre, an Ruhm bis über den Himmel hinaus bekannt. / Ich suche meine Heimat Italien und stamme vom höchsten Jupiter ab. / Ich habe mit zwanzig Schiffen das Phrygische Meer bestiegen – wobei meine göttliche Mutter mir den Weg zeigte –, weil ich den mir gegebenen Göttersprüchen gefolgt war. / Kaum sieben Schiffe sind den Wogen und dem Südwind entrissen worden und jetzt noch übrig. / Ich selbst durchwandere unbekannt und bedürftig die Einöden Lybiens, / nachdem man mich aus Europa und Asien vertrieben hat." [...] „Mach nur weiter und begib dich von hier zum Haus der Königin! / Schau dir die zwölf Schwäne an, die sich an ihrem Zug erfreuen! / Nicht anders halten deine Schiffe oder hält die Mannschaft deiner Leute / entweder schon den Hafen oder nähert sich mit vollen Segeln dem Eingang des Hafens. / Mach du nur weiter, und lenke den Schritt dorthin, wohin dich der Weg führt!"

2.

- „[...] Welcher unwürdige Grund hat deine heiteren / Gesichtszüge entstellt? Oder warum sehe ich diese Wunden?" / Jener antwortet nichts und hält sich nicht lange mit mir, der sinnloses Zeug fragt, auf, / sondern zieht schwer aus tiefster Brust Seufzer / und sagt: „Ach, fliehe, Sohn einer Göttin, und entreiße dich diesen Flammen! / Der Feind hat die Mauern in seiner Gewalt. Es stürzt vom hohen Gipfel Troja. / Genug ist der Heimat und Priamos gegeben worden: Wenn Troja mit der Rechten / verteidigt werden könnte, dann wäre es auch von dieser meinen Rechten verteidigt worden. / Die heiligen Gerätschaften (Opfer) und seine Schutzgötter (Penaten) vertraut Troja dir an. / Nimm diese als Begleiter deines Schicksals, suche für diese Mauern, / die du schließlich als große errichten wirst, nachdem das Meer durcheilt worden ist!" / So spricht er und trägt mit den Händen die Binden und die mächtige Vesta / und das ewige Feuer aus dem Allerheiligsten des Tempels. / Inzwischen werden die Mauern von verschiedener Trauer durchmischt. [...] / Deutlich ertönen Geräusche und der Schrecken der Waffen bricht los. / Ich werde aus dem Schlaf gerissen ...

Interpretieren

- **Überblick:** Der zu interpretierende Text stammt aus dem 6. Buch der *Äneis* Vergils. In diesem schildert Vergil, wie Äneas in Begleitung der Sybille in die Unterwelt hinabsteigt, um seinen Vater Anchises wiederzusehen. Im Text ist Äneas noch nicht in der Unterwelt angekommen, sondern befindet sich erst an deren Eingang, wo ihn Charon aufzuhalten versucht.
- **Einblick:** Der Clou der Passage liegt darin, dass Charon nicht weiß, wer vor ihm steht – deshalb spricht er Äneas mit einem verallgemeinernden Relativpronomen (*quisquis*) an –, was Vergil ermöglicht, ihn erneut zu charakterisieren, diesmal in Abgrenzung zu zwei bedeutenden Heroen des griechischen Mythos (Herkules und Theseus). Charon kennt also Äneas nicht, sieht aber, dass dieser eine

Waffe trägt (*armatus*), was ihn nichts Gutes vermuten lässt (warum das so ist, wird sich sehr bald zeigen). Deshalb fordert er ihn in umgangssprachlichem Ton (*age*) auf, zu sagen, was er will, fordert ihn aber zugleich auf, wieder zu verschwinden (ebenfalls im umgangssprachlichen Ton: *iam istinc comprime gressum*). Als offizielle Begründung fügt er an, dass man sich hier in der Unterwelt befindet (was er mit dem Trikolon *umbrarum, somni, noctis soporae* hervorhebt), also an einem Ort, zu dem den Lebenden der Zutritt strengstens verboten ist (*nefas*), weshalb Charon Lebende auch nicht auf seinem Boot transportieren darf (die hierbei zum Ausdruck kommende Trennung der Bereiche von Leben und Tod bildet evtl. auch das Hyperbaton *Stygia ... carina* ab). Die inoffizielle Begründung liefern für Charon aber frühere noch lebende Passagiere. Die Erinnerung an sie ist es auch, die ihn beim Anblick des bewaffneten Ankömmlings (s.o.) nichts Gutes ahnen lässt: Denn sowohl an Herkules als auch an Theseus und Perithous denkt Charon mit Grausen zurück: Der eine holte nämlich den Zerberus aus der Unterwelt, der andere kreuzte mit seinem Freund Perithous dort auf. Auf beides spielt Vergil als *poeta doctus* zunächst nur an, der das Wissen um beide Mythen bei seinen Hörern / Lesern voraussetzen kann, er wird aber für beides in der Antwort der Sybille noch eine Erläuterung nachreichen. Vergil gibt damit der Sybille, die er abermals als amphrysische, d.h. apollinische Seherin bezeichnet, gleichsam das Stichwort für ihre Antwort. (Wenn Vergil dabei als Prädikat *fata est* gebraucht, dürfte der Anklang an *fatum* durchaus gewollt sein: es ist ja die Vorsehung, der alles, also auch der Abstieg des Äneas in die Unterwelt, folgt.) Diese versucht Charon zu beruhigen: Keine Fallen, keine Waffen, keine Gewalt, deshalb keine Angst. Äneas ist anders und das heißt natürlich besser als Herkules und Theseus: Die für Herkules typischen Fallen (*insidiae tales*) sind ihm ebenso fremd wie Gewalt (*vim*). Was sich hinter *insidiae* bzw. *vim* verbirgt, konkretisiert danach die Sybille (und gibt damit indirekt auch die Antwort auf die durch die Rede des Charon aufgeworfene Frage, warum dieser Herkules und Theseus in schlechter Erinnerung hat). Denn weder um den einst von Herkules entführten Zerberus, den Vergil hier als *ingens ianitor latrans* umschreibt, noch um Proserpina, die Vergil als keusch (*casta*) und Ehefrau ihres Onkels Pluto vorstellt, muss er Angst haben. Der Ankömmling ist nämlich nicht *incestus* wie Theseus und sein Freund Perithous, die der verheirateten Proserpina Gewalt antun wollten, sondern jemand, der seine Waffen nur anständig gebraucht, was das Hendiadyoin *pietate et armis* unterstreicht. Dieselbe *pietas* ist es, die ihn antreibt, seinen Vater zu besuchen. Da dieser durch den Tod von ihm getrennt ist, was das Hyperbaton *imas ... umbras* unterstreicht, muss er zu ihm zu den Schatten der Unterwelt herabsteigen. Das Gespräch zwischen Charon und der Sybille hat somit einen tieferen Sinn: Es dient der indirekten Charakteristik des Äneas als *pius*. Sein Handeln verdankt sich der *pietas* gegenüber seinem Vater, nicht Protzerei oder anderen Gelüsten.

- **Ausblick:** Mit *umbras* schließt Vergil den in Vers 3 gespannten Bogen (*umbrarum*), in dem er dieses kunstvolle kurze Gespräch zwischen Charon und der Sybille entwickelt. Dieser gibt ihr die Stichwörter, die sie weiterführen kann. Dabei wird klar, dass Herkules und Theseus von Vergil geschickt als negativer Hintergrund eingeblendet werden, vor dem Äneas umso heller erstrahlen kann. Vergil lässt in der Darstellung des Äneas Züge des Augustus hervortreten: Insofern werfen die *pietas* und *virtus* der fiktiven Figur helles Licht auf den realen Princeps. Dass Äneas dabei von einer apollinischen Seherin geführt wird, dürfte kein Zufall sein: Auch Augustus sah sich ja als Schützling Apolls.

- **Metrische Analyse**

  Quisquis es, armatus qui nostra ad flumina tendis,
  – ∪ ∪| – –| – – | – –| –∪∪|– ∪
  fare age, quid venias, iam istinc et comprime gressum!
  – ∪∪| – ∪∪| – –| – – |– ∪∪ |– ∪
  Umbrarum hic locus est, somni noctisque soporae
  – –| – ∪∪| – –| – – |– ∪ ∪| – –

- **Übersetzungen vergleichen**

  Das Original Vergils ist in Hexametern verfasst. Übersetzung 2 ahmt das nach, allerdings um den Preis, dass sie sich in Reihenfolge und Wortwahl zum Teil deutlich vom Original entfernt (z. B. wird *tumuli* in Vers 2 nicht übersetzt; oder für *portum reliquit* wird als „sticht in See bei ruhigem Wasser" übersetzt). Auch in der Wortwahl ahmt Übersetzung 2 die Gattung Epos, nicht unbedingt aber die Vorlage nach (z. B. Luna statt Mond; „nachtwärts" statt „in die Nacht"). Übersetzung 1 hält sich demgegenüber sowohl bei der Wortfolge als auch bei der Wortwahl viel näher an den Text. Das ist möglich, da Übersetzung 1 auf eine Übertragung in Verse verzichtet, sich deshalb nicht um das Metrum kümmern muss und so, was Satzbau (z. B. „unter glitzerndem Licht schimmert das Meer" für *splendet tremulo sub lumine pontus)* und Wortwahl (z. B. „in die Nacht" für *in noctem*) angeht, aus dem Vollen schöpfen kann. Als Ergebnis lässt sich feststellen, dass Übersetzung 2 dem poetischen Charakter des Originals näher kommt, Übersetzung 1 jedoch den Inhalt genauer wiedergibt. Fehler enthält keine der beiden Übersetzungen; dass in Übersetzung 2 aber *pius* in Vers 1 völlig übergangen wird, widerspricht sicherlich der Intention Vergils, dem es ein wichtiges Anliegen war, die *pietas* des Äneas hervorzuheben. Aus diesem Grund ist Übersetzung 1 vorzuziehen.

4 Horaz und Ovid: Wortschatz und Grammatik

Text 2: *Carm.* 4,15

W

- Segel setzen - jemandem Zügel anlegen - Künste / Fertigkeiten wiederbeleben - Erlasse missachten - die Götter brauchgemäß verehren / anbeten

- ***Signal*** ← *signum:* Zeichen - ***Duell*** ← *duellum*, poetisch für *bellum:* Krieg - ***Lizenz*** ← *licentia:* Erlaubnis - ***Majestät*** ← *maiestas:* Erhabenheit - ***Kustos*** ← *custos:* Wächter - ***Prolet*** ← *proletarius:* Bürger der untersten Klasse (der dem Staat nur mit seiner Nachkommenschaft dient) - ***Matrone*** ← *matrona:* ehrbare verheiratete Frau

G **Participium coniunctum**

- Der Dichter Horaz wollte besiegte Städte / Stadteroberungen besingen. Aber der Gott Apoll hielt ihn zurück, als er singen wollte. Kaiser Augustus legte der Freizügigkeit Zügel an, als sie das Maß überschritt. Horaz bewunderte, wie sich das Reich unter Augustus von Westen bis nach Osten erstreckte. Nachdem die Römer die Götter brauchgemäß verehrt hatten, feierten sie die Siege des Augustus.

Text: *Trist.* 2,27–44

W

- ***pecassem*** ~ *peccavissem* Entfall des Tempuszeichens *-vi* - ***deum*** ~ *deorum* Gen. Pl. der o-Dekl.: *-um* statt *-orum* - ***dicare*** ~ *dicaris* Ersatz der Endung für 2. Pers. Sg. Pass. *-is* durch *-re*

- ***nunc:*** nun - ***adeo:*** so sehr - ***igitur:*** also / folglich - ***quoque:*** auch - ***umquam:*** jemals - ***saepe:*** oft

G **Irrealis, Ablativus comparationis**

- Der Dichter Ovid sagte zu Kaiser Augustus: „Alle loben deine Milde. Bedenke dies, bitte: Wenn ich nicht gesündigt hätte, könntest du deine Milde nicht beweisen. Nichts ist bedeutender als deine Milde! Niemand ist maßvoller als du! Verzeihe mir und berufe mich nach Rom zurück!"

5 Horaz und Ovid: Kompetenztraining

Wissen verknüpfen - vernetzt denken

I.

- „Bester Wächter über das Volk des Romulus" → Darin kann ein Bezug auf Statuen des Augustus, die dem Typ von Prima Porta entsprechen, gesehen werden, da diese Augustus als Wächter bzw. Schutzherrn Roms ausweisen. Daneben kann aber auch ein Bezug zur Verwendung von Jupitersymbolen (wie z. B. dem Adler) durch Augustus gesehen werden, die ihn ebenfalls als Schutzherrn Roms ausweisen.
„Sobald nämlich wie der Frühling dein Antlitz das Volk angestrahlt hat" → Darin kann ein Bezug auf die Porträtbüsten bzw. die Münzbildnisse des Augustus gesehen werden, die diesen stets strahlend jung zeigen.
„Denn sicher durchwandert das Rind das Land, Ceres und die gütige Faustitas nähren das Land, über das ruhige Meer fliegen die Matrosen" → Darin kann ein Bezug zu typischen Bildmotiven der augusteischen Reliefkunst gesehen werden, die Frieden und Ruhe ausstrahlen, wie z. B. das Tellus-Mater Relief der Ara Pacis bzw. die darauf befindlichen Rankenfriese.
„Sittenrein wird das Haus nun von keinen Seitensprüngen mehr beschmutzt, Sitte und Gesetz haben schmutziges Unrecht bezähmt" → Darin kann ein Bezug auf Augustusstatuen des Typs *capite velato* (mit verhülltem Haupt) gesehen werden, die ihn als denjenigen zeigen, der die *mores maiorum* und Religion wahrt bzw. die Gottlosigkeit des Volkes durch Opfer (wie z. B. die im Rahmen der Säkularspiele durchgeführten *Suovetaurilia*) sühnt.
„Wer sollte da noch Angst vor dem Parther haben" → Darin kann ein Bezug zur Glorifizierung des „Sieges" über die Parther (der aber in Wirklichkeit nur ein in der Rückgabe der 53 v. Chr. verlorenen Feldzeichen bestehender diplomatischer Verhandlungserfolg war) gesehen werden, wie sie sich z. B. auf dem Brustpanzer des Augustus von Prima Porta findet, in großer Form aber auch in der Ausstellung der zurückgegebenen Feldzeichen auf dem Forum des Augustus.

2.

- Zunächst kann man anhand des Textes den Mars-Ultor-Tempel skizzieren. Dieser hat große Ausmaße („sowohl der Gott ist gewaltig als auch das Bauwerk"). Auf dem Giebel können Statuen der Siegesgöttin Victoria („unbesigte Göttinnen") gezeichnet werden - ein typisches Attribut der augusteischen Kunst. An den beiden Türflügeln sind Waffen („Angriffs- und Verteidigungswaffen") der von Augustus eroberten Länder abgebildet. Am Tempel selbst (wo genau, gibt der Text nicht her) befindet sich eine Inschrift, in der entweder Caesar Augustus (d.h. nur Augustus mit seinem Beinamen Caesar) oder Augustus und Iulius Caesar erwähnt werden und wohl auch der Grund für den Bau des Tempels („Denn als junger Mann hatte er das damals gelobt, als er aus *pietas* zu den Waffen griff"), eventuell außerdem die Bezeichnung des Augustus als *princeps* (*princeps incipiendus erat*).

Zum Forum des Augustus kann man anhand des Textes folgende Skizze anfertigen: Auf der einen Seite des Tempels befindet sich eine Statuen-Gruppe mit Äneas und Anchises („Äneas beladen mit dem ihm teuren Gewicht"). Diese bildet wohl den Abschluss einer Reihe von Statuen, die man als Ahnengalerie der julischen Familie bezeichnen könnte („so vielen Ahnen des julischen Adels"). Auf der anderen Seite (ob links oder rechts, ist für die Skizze unerheblich, da sich das den Angaben nicht genau entnehmen lässt) kann man in gleicher Anordnung Romulus mit den *spolia opima* („die Waffen des besiegten Heerführers") und danach eine Statuen-Galerie römischer Helden einzeichnen. Unter den Statuen befinden sich offenkundig kurze Beschreibungen der Leistungen der jeweiligen Person („dass die berühmten Taten unter den Statuen der Helden zu lesen sind"). Über den Zugang zum Forum und die Mitte des Forumsplatzes werden keine Angaben gemacht. Sie können aber aufgrund Ihrer Kenntnis des Augustusforums darauf hinweisen, dass in der Mitte des Forumsplatzes eine Reiterstaue mit der Aufschrift *pater patriae* stand.

6 Livius: Wortschatz und Grammatik

Text 1: *Liv.* 3,26,5-10; 3,29,5-7

W

- ***inopinatus*** ← *opinari:* unvermutet (Negation) - ***insperatus*** ← *sperare:* unverhofft (Negation) - ***innixus*** ← *niti:* darauf gestützt (präpositionales Präfix) - ***intentus*** ← *tendere:* angespannt (präpositionales Präfix) - ***instructus*** ← *struere:* eingerichtet (präpositionales Präfix)
- ***restituere:*** wiederherstellen - ***affluere:*** hinzufließen - ***reddere:*** zurückgeben - ***admirari:*** bewundern / anstaunen - ***consalutare:*** gemeinschaftlich begrüßen - ***exponere:*** etwas auseinandersetzen / darlegen - ***praeferre:*** vorantragen - ***abdicare:*** sich von etwas lossagen

G Genitivus partitivus, Genitivus qualitatis, NcI

- Weil in Konsul Nautius zu wenig an Führungskraft zu sein schien, beschlossen die Senatoren den Cincinnatus herbeizuholen. Dieser Mann von großer Tüchtigkeit bestellte gerade seine Äcker jenseits des Tibers, als die Gesandten (plötzlich) da waren und die Aufträge des Senats überbrachten. Cincinnatus nahm sofort seine Toga und soll ihnen nach Rom gefolgt sein. Dort, so sagt man, habe er das Heer gegen die Landesfeinde geführt. Obwohl Cincinnatus den Staat aus der größten Gefahr errettet hatte, legte er das Diktatorenamt gerne und ohne Zögern nieder.

Text 3: *Liv.* praef. Teil 2

W

- ein erworbenes und vergrößertes Reichsgebiet - Zeugnisse, die an einem prominenten Ort ausgestellt sind - eine unternommene Aufgabe
- ***imitere:*** 2. Pers. Sg. Konj. Präs. (eigtl. *imiteris*) - ***ditior:*** Kurzform für *divitior*, Komparativ m/f - ***invexere:*** Kurzform für *invexerunt*: 3. Pers. Pl. Ind. Perf.
- ***deinde:*** hierauf - ***tum:*** dann - ***paulatim:*** allmählich - ***inde:*** von da (an) / daher / darauf - ***praecipue:*** vorzüglich - ***tam diu:*** so lange - ***adeo:*** so sehr - ***nuper:*** neulich / vor kurzem - ***ne ... quidem:*** nicht einmal - ***quoque:*** auch

G Gerundium und Gerundiv, Supin II

- Livius lobt die frühe Republik: Habgier und Verschwendungssucht haben spät Einzug gehalten. Lange nämlich stand Armut / Sparsamkeit in höchstem Ansehen. Livius tadelt die Fehler seiner Zeit: Zuerst erlahmen die Sitten der Bürger, dann geraten sie auf die schiefe Bahn und schließlich stürzen sie kopfüber nach unten. Das Verlangen, zugrundezugehen und alles zugrundezurichten hält die Bürger in Beschlag. Daher erkennen die Bürger beim Lesen der Bücher des Livius, was schändlich ist, wenn man damit anfängt, und was schändlich ist, wenn man damit aufhört.

Text 4: *Liv.* 1,8

W

- zur Körperschaft eines einzigen Volkes zusammenwachsen - ein ländlicher / bäuerlicher Menschenschlag - aus zwölf Völkern gemeinschaftlich einen König wählen - eine Masse, die nach Umsturz / Revolution giert
- Zuwachs zum Beginn der Größe der Stadt (Rom) - nach der Vertreibung der Könige

G Gerundium und Gerundiv, Ablativus absolutus

- Nach brauchgemäßer Erledigung der religiösen Pflichten sorgte Romulus dafür, dass die vor kurzem gegründete Stadt Zuwachs bekam. Dies versuchte er zu erreichen, indem er mehrere Orte eingemeindete und mehrere Menschen zusammenscharte. Um eine Vielzahl von Einwohnern hinzuzufügen, holte er eine zwielichtige Menge von niederer Abstammung herbei - ohne Unterschied, ob sie freigeboren oder Sklaven waren.

Text 5: *Liv.* 1,16,1-8

W

- ***obvius*** ← *ob* Präp. mit Akk. entgegen, *via* der Weg: entgegen - ***caelestis*** ← *caelum* Himmel: himmlisch, göttlich - ***militaris*** ← *miles* Soldat: militärisch - ***mirus*** ← *miraculum* Wunder: wunder-/ sonderbar
- ***repente:*** plötzlich - ***contra:*** dagegen - ***ita:*** so - ***proinde:*** daher / ebenso

G Jussiv

- Proculus Iulius erzählte vor dem Volk, dass ihm Romulus begegnet sei und dies gesagt habe: „Die Römer sollen ihre Traurigkeit ablegen! Sie sollen wissen, dass ich nun zum Gott geworden bin! Das römische Volk soll das Kriegshandwerk und die Sitte der Vorfahren in Ehren halten! Es soll den Nachfahren übermitteln, dass keine Völker den Römern durch Waffentaten widerstehen können!"

Text 6: *Liv.* 1,58,2-12

W

- ***addieren*** ← *addere*: hinzufügen - ***apostolischer Nuntius*** ← *nuntius* Bote: päpstlicher Botschafter bei Regierungen anderer Staaten - ***Advent*** ← *adventus* Ankunft: Jahreszeit, in der sich die Christen auf die Ankunft des Herrn zu Weihnachten vorbereiten - ***investigativer Journalismus*** ← *investigare* aufdecken; *acta diurna:* ein im antiken Rom auf Tafeln oder Zetteln ausgehängtes Bulletin mit tagesaktuellen Nachrichten als Vorläufer der Zeitung: Journalismus, der verborgene Missstände in Politik und Wirtschaft aufdeckt - ***Hospital*** ← *hospitium* Herberge: Krankenhaus
- ***opprimere*** ~ unterdrücken (*premere*) - ***incidere*** ~ hineingeraten (*cadere*) - ***redire*** ~ zurückkehren (*ire*) - ***convenire*** ~ zusammenkommen (*venire*) - ***oboriri*** ~ aufgehen, sich erheben (*oriri*) - ***amittere*** ~ verlieren (*mittere*) - ***auferre*** ~ wegnehmen (*ferre*) - ***defigere*** ~ anheften (*figere*)
- ***satis:*** genug - ***prope:*** (bei)nahe - ***velut:*** wie - ***inde:*** daher / darauf - ***forte:*** zufällig - ***ceterum:*** übrigens - ***tantum:*** nur - ***hinc:*** von hier - ***deinde:*** hierauf

G Historischer Infinitiv, indirekte Rede

- Sextus Tarquinius, der Sohn des Königs, drang in das Schlafzimmer der jungen Frau Lucretia ein. Lucretia wies den überaus lüsternen Jüngling immer wieder zurück. Da zog jener sein Schwert, schrie mit lauter Stimme und drohte der jungen Frau den Tod an. Am nächsten Tag erzählte Lucretia die Untat ihrem Ehemann: Eine schreckliche Sache sei vorgefallen. Der Sohn des Königs sei mitten in der Nacht in das Schlafzimmer eingedrungen und habe ihre Keuschheit verletzt. Sie wolle nicht mehr weiterleben.

Text 7: *Liv.* 1,59,1-7

W

- ***regius*** ~ königlich ← *rex* König - ***sceleratus*** ~ verbrecherisch ← *scelus* Verbrechen - ***armatus*** ~ bewaffnet ← *arma* Waffen - **patrius** ~ väterlich ← *patria* Vaterland
- ***pati:*** dulden, erleiden, zulassen - ***sequi:*** folgen - ***queri:*** sich beklagen - ***audere:*** wagen - ***proficisci:*** aufbrechen - ***reri:*** rechnen, meinen

G Partizip Futur Aktiv, Constructio ad sensum, quisque mit Superlativ

- Brutus schwor nach dem Tode Lucretias, dass er den König Tarquinius Superbus anklagen werde: „Euch, Römer, mache ich zu Zeugen, dass ich es nicht dulden werde, dass Tarquinius und seine verbrecherische Familie / Sippschaft über Rom herrscht." Nachdem er dies gesagt hatte, freute sich die Volksmenge, weil sie durch die Tapferkeit und die Worte des Brutus angestachelt wurden. Gerade die Wildesten forderten die Todesstrafe für den König.

Text 8: *Liv.* 2,12,5-13,6

W

- **Adjektive:** ***maggiore*** ~ größer (*maior*) - ***regale*** ~ königlich (*regalis*) - ***lungo*** ~ lang (*longus*) - ***destro*** ~ rechts (*dexter*); **Substantive:** ***ferro*** ~ Eisen, Waffe (*ferrum*) - ***volgo*** ~ Volk (*vulgus*) - ***re*** ~ König (*rex*) - ***sede*** ~ Wohnsitz (*sedes*) - ***pericolo*** ~ Gefahr (*periculum*)

G Indirekte Fragesätze, Prädikativum, Substantivierung der Adjektive

- Als Porsenna, der König der Etrusker, Rom erobern wollte, fasste Mucius Scaevola, ein römischer Jüngling, den Plan, den König zu töten. Deshalb drang er nachts in dessen Lager ein. Als er dort zwei Landesfeinde erblickte, wusste er nicht, welcher von beiden Porsenna war. Nachdem er fälschlicherweise den Schreiber des Königs getötet hatte, wurde er gefasst. Der tapfere junge Mann soll dem König folgende Worte gesagt haben: „Nicht als Freund bin ich hierher gekommen und nicht als einziger der Römer habe ich die Absicht, dich umzubringen. Wenn du mich foltern willst, wisse, dass ich nichts fürchte: Denn es ist römisch, vieles und Feindliches / viele feindliche Übergriffe auszuhalten." Indem er dies sagte, legte er seine rechte Hand in das Feuer.

Text 9: *Liv.* 2,32,4-33,2

W

- ***quiet*** ← *quietus*: ruhig - ***necessary*** ← *necessarius*: notwendig - ***mutual*** ← *mutuus*: gegen-, wechselseitig - ***suspense*** ← *suspendere*: aufhängen, in der Schwebe lassen - ***violence*** ← *violentia*: Gewalttätigkeit - ***to narrate*** ← *narrare*: erzählen - ***external*** ← *externus*: äußerlich, auswärtig - ***member*** ← *membrum*: Körperglied - ***extreme*** ← *extremus*: der äußerste, entfernteste - ***voluptuosness*** ← *voluptas*: Vergnügen - ***condition*** ← *condicio*: Bedingung, Lage
- ***venter, tris:*** Magen - ***manus, us:*** Hand - ***os, oris:*** Mund - ***dens, ntis:*** Zahn - ***vena, ae:*** Ader, Blutbahn - ***sanguis, inis:*** Blut
- ***ingens:*** gewaltig - ***reliquus:*** übrig - ***carus:*** lieb, wert, teuer - ***singulus:*** einzeln - ***totus:*** ganz - ***segnis:*** träge - ***similis:*** ähnlich - ***interim:*** unterdessen - ***deinde:*** hierauf - ***profecto:*** tatsächlich - ***igitur:*** also - ***una:*** zusammen - ***hinc:*** von hier, von jetzt an

G Indirekte Rede, Gerundium und Gerundiv

- Nachdem das einfache Volk aus Rom weggegangen war, fürchteten die in der Stadt zurückgebliebenen Patrizier vieles: Wie lange werde die Plebs friedlich bleiben? Was werde geschehen, wenn Landesfeinde einen Krieg beginnen? Die Patrizier fühlten damals, dass man die Eintracht zwischen den Bürgern wiederherstellen müsse. Man beschloss also, den Menenius Agrippa, einen im Reden erfahrenen Mann, zur Plebs zu schicken. Indem dieser den Staat mit einem Körper verglich, veranlasste er die Plebs, in die Stadt zurückzukehren.

Text 10: *Liv.* 2,39

W

- ***parum:*** zu wenig - ***certe:*** sicher, gewiss - ***primo:*** zuerst - ***dein:*** hierauf, nachher - ***ergo:*** also - ***tandem:*** endlich
- ***stark frequentiert*** ← *frequens* zahlreich, häufig: gut besucht - ***publik machen*** ← *publicus* öffentlich: veröffentlichen, bekannt machen - ***defensiv*** ← *defendere* verteidigen: auf Verteidigung ausgerichtet - ***urban*** ← *urbanus*: großstädtisch, kultiviert - ***familiär*** ← *familiaris*: freundschaftlich, vertraut - ***Nepotismus*** ← *nepos* Enkel: Vetternwirtschaft - ***Patriot*** ← *patria* Heimat, Vaterland: jemand, der auf sein Vaterland stolz ist - ***Patient*** ← *patiens* P.P.P. von *pati* erdulden, leiden: kranker Mensch

Subjunktion ut, Doppelfrage, Irrealis

- Obwohl Coriolanus selbst ein Römer war, führte er zusammen mit den Volskern Krieg gegen die Römer. In höchster Gefahr beschlossen die Römer, dass die Frauen mit Veturia, der Mutter Coriolans, zum Sohn geschickt wurden, da er ja andere Gesandte ungehört weggeschickt hatte. Coriolanus, rasend wie er nun einmal war, war zuerst so hartherzig, dass er auch die Frauen wegschicken wollte. Als er aber hörte, dass seine Mutter da(bei) war, ging er ihr entgegen. Die zornige Veturia schrie jedoch: „Habe ich dich geboren, Coriolan, um dich als Landesfeind zu sehen? Wenn ich dich nicht geboren hätte, würde Rom nicht bestürmt werden. Wenn ich keinen Sohn hätte, würde ich ohne Angst vor einem Krieg leben."

7 Livius: Kompetenztraining

Übersetzen

1.

- Darauf wurden Publius Valerius zum zweiten Mal und Titus Lucretius zu Konsuln gewählt / gemacht. Schon waren die Tarquinier zu Porsenna, dem König von Clusium, übergelaufen. Dort baten sie bald darum, dass er es nicht duldet, dass sie im Exil leben müssen, bald mahnten sie ihn auch, dass er den entstehenden Brauch der Vertreibung der Könige nicht ungestraft lässt: Die Freiheit (selbst) habe an und für sich schon genug Verlockung / Süße. Wenn nicht, mit wie großem Einsatz die Bürger(schaften) diese (Freiheit) erstrebten, mit genauso großem Einsatz die Könige ihre Königsherrschaft (en) verteidigten, sei das Ende für die Königsherrschaften da. Porsenna zog / kam mit einem feindlichen Heer nach Rom, weil er glaubte, dass es für die Etrusker sicher sei, dass es in Rom einen König gibt. Kein anderes Mal zuvor befiel so großer Schrecken den Senat. Die Senatoren fürchteten nämlich, dass das römische Volk, von Angst erschüttert, nachdem die Könige wieder in die Stadt aufgenommen worden wären, den Frieden zusammen mit der Sklaverei akzeptiert / annimmt. Viele Schmeicheleien wurden also dem Volk während dieser Zeit vom Senat gegeben. Vor allem auf die Getreideversorgung wurde Sorge verwandt und so sind zur Beschaffung von Getreide die einen zu den Volskern, die anderen nach Cumae geschickt worden.

2.

- Nachdem Friede geschlossen worden war, führte Porsenna das Heer vom Ianiculum weg und verließ das römische Gebiet. Die Senatoren gaben dem Gaius Mucius wegen seiner Tapferkeit jenseits des Tibers ein Stück Land / einen Acker als / zum Geschenk. Nachdem also Tapferkeit so geehrt worden war, wurden auch Frauen zu Heldentaten für den Staat angetrieben und die junge Frau Cloelia täuschte die Wächter und schwamm als Anführerin eines Zuges von jungen Frauen unter Beschuss / zwischen den Waffen der Feinde durch den Tiber und brachte alle wohlbehalten nach Rom zu ihren Verwandten zurück. Sobald das dem König gemeldet worden war, schickte er zuerst zornentbrannt Unterhändler nach Rom, um Cloelia als Geisel zurückzufordern. Dann aber verwandelte sich seine Haltung in Bewunderung und er sagte, dass er die junge Frau mit einem Teil der Geiseln beschenke: Sie solle selbst auswählen, welche sie wolle! Nachdem alle vorgeführt worden sind, soll Cloelia die Kinder ausgewählt haben. Nachdem der Friede wiederhergestellt worden war, beschenkten die Römer die neuartige Tapferkeit bei einer Frau mit einer neuen Art von Ehrung, einer Reiterstatue: Am Ende / höchsten Punkt der Via Sacra wurde ein auf einem Pferd sitzendes Mädchen aufgestellt.

3.

- Bald wurde das Lager bestürmt, bald wurde ein Teil des Heeres zur Verwüstung des römischen Gebietes geschickt und zum Angriff auf die Stadt (Rom) selbst. Lucius Valerius ist als Schutz für die Stadt zurückgelassen worden, der Konsul Postumius ist geschickt worden, um eine Verwüstung des Gebiets zu verhindern. Nichts an Sorge oder Mühe wurde unterlassen: In der Stadt sind Nachtwachen, vor den Toren Wachen und auf den Mauern Posten verteilt worden und über einige Tage hinweg ist ein Gerichtsstillstand eingehalten worden, was / weil es angesichts der so großen Unruhe notwendig war. Unterdessen machte im Lager der Konsul Furius, nachdem er zunächst ruhig die Belagerung zugelassen hatte, gegen den unvorsichtigen Feind einen Ausfall durch das hintere Tor und obwohl er den Feind hätte verfolgen können, machte er aus Angst davor, dass ein Angriff auf das Lager geschähe, Halt. Den Gesandten Furius trug der Lauf weiter hinaus: Weder sah jener im Eifer der Verfolgung seine zurückkehrenden Kameraden noch sah er den Angriff der Feinde von hinten. So ist er ausgeschlossen worden, kämpfte leidenschaftlich und fiel. Und der Konsul wandte sich auf die Nachricht von der Umzingelung seines Bruders hin zum Kampf und, während er sich mehr blindlings als hinreichend vorsichtig mitten in den Kampf stürzte, ist er, nachdem er eine Verwundung erlitten hatte, nur mit Müh und Not von den um ihn herum Stehenden / den Feinden entrissen worden.

Interpretieren

1.

- **Überblick:** Ab Buch 2 schildert Livius die Ereignisse der frühen römischen Republik. Dabei sieht sich Rom zunächst mit dem Versuch der Tarquinier, mit Hilfe des Etruskerkönigs Porsenna nach Rom zurückzukehren, konfrontiert. Im Abwehrkampf gegen Porsenna erzählt Livius von mehreren heldenhaften Ur-Römern, durch deren Einsatz es gelang, die gerade erst gewonnene Freiheit zu verteidigen. Einer von ihnen war der im zu interpretierenden Text auftretende Horatius Cocles.
- **Einblick:** Livius versteht es wie kein zweiter sinnenfroh zu erzählen, also so, dass man gleichsam mit allen Sinnen ins Geschehen hineingezogen wird. Deshalb beginnt der Text mit einem akustischen Signal (*clamore sublato*). Inmitten des Geschreis erscheint ein einziger Römer (die Bezeichnung *hostem* rührt daher, dass der Text aus Sicht der Etrusker erzählt wird), der von allen Seiten mit einem Geschosshagel eingedeckt wird: Einer also gegen alle! Die Geschosse lenken den Blick auf den Widerstandskämpfer, der nun gleichsam in Großaufnahme erscheint: Er trägt einen Schild, der mit Waffen gespickt ist (er muss also ungeheure Kraft haben, um ihn noch halten zu konnen), was ihn aber nicht von seinem Plan abbringt (*neque minus obstinatus*), die Brücke zu verteidigen. Breitbeinig steht er auf ihr, wobei das Hyperbaton *ingenti ... gradu* den Raum, den seine Schrittstellung einnimmt, abbildet. Diese zwischen den Beginn und die Fortsetzung des Textes eingeschobene Information bildet gewissermaßen die Klemme ab, in der Horatius Cocles steckt. Schon drängen die Feinde heran, um ihn zu vertreiben (hier offenbart sich ein weiterer typischer Zug des Livius, der es vorzüglich versteht, Spannung zu erzeugen), als zwei weitere akustische Signale die Wende ankündigen: das Krachen der einstürzenden Brücke (*fragor rupti pontis*) und gleich darauf der Jubel der Römer über diesen Erfolg (*clamor Romanorum*). Auf der anderen Seite macht sich nun plötzlich Angst bemerkbar (womit sich ein weiterer Wesenszug der livianischen Erzählkunst offenbart – die Emotionalisierung der Darstellung): Der Angriff ist gestoppt (*impetu* und *impetum* rahmen also gewissermaßen die Szene). Genau diese kurze Phase des Stillstands gibt jetzt Horatius Cocles die Möglichkeit, das zu tun, was einen livianischen Helden auszeichnet: Er erweist sich nicht nur als mutig, sondern auch als gottesfürchtig und spricht ein Gebet. Dieses dient zugleich als retardierendes Moment der Darstellung, indem sich die „Kamera" des Livius noch näher heranzoomt und das Gesicht des Helden in Großaufnahme zeigt. Nach diesem kurzen Moment des Innehaltens geht es dann aber sogleich in rasanter Fahrt weiter: Horatius Cocles springt in voller Montur in den Fluss, wieder fliegen Waffen, treffen ihn aber nicht, sodass er unversehrt entkommt. Da Livius sich dessen bewusst ist, dass dieses Entkommen unwahrscheinlich erscheinen muss, fügt er am Schluss kritisch (auch das ist typisch für seine Art zu erzählen) an, dass diese Tat zwar viel Ruhm, aber keinen rechten Glauben fand.
- **Ausblick:** Der Schluss der Episode zeigt, worum es Livius eigentlich geht: nicht um nach moderner historischer Sicht exakte Auswertung historischer Daten und Quellen, sondern um packende Erzählungen, mit deren Hilfe er den Römern ganz im Sinne des Augustus klarmachen kann, welche Eigenschaften Rom groß gemacht haben: *virtus* und *pietas* bzw. *religio*. Ein Musterbeispiel dafür ist Horatius Cocles, weitere Beispiele wären Mucius Scaevola, aber auch Cincinnatus.

2

- **Überblick:** Nach der erfolgreichen Vertreibung der Könige taten sich in der römischen Gesellschaft sehr bald Risse zwischen den Patriziern und Plebejern auf. Zwar hielten die beiden Gruppen zusammen, solange es galt, Rom gegen auswärtige Gegner zu verteidigen. Sobald aber die äußere Sicherheit wiederhergestellt war, begannen Auseinandersetzungen im Inneren. Der Grund dafür lag in einer objektiv vorliegenden Benachteiligung der Plebejer, die zwar für den Kriegsdienst herangezogen wurden, an den Kriegserfolgen aber kaum partizipierten. Als Folge dieser Ungleichbehandlung versuchten die Plebejer, sich ihre Rechte mithilfe von Gesetzesanträgen der Volkstribune und, falls diesen nicht stattgegeben wurde, auch mit dem letzten Mittel der *secessio* (vgl. Menenius Agrippa) zu erkämpfen. Eine Episode in diesem Jahrhunderte währenden Kampf schildert der zu interpretierende Text.

▶ **Einblick:** Im Text stehen sich zwei Personen gegenüber: der Patrizier Quinctius Caeso – im Übrigen ein Sohn des Diktators L. Quinctius Cincinnatus – und der Plebejer Aulus Verginius. Dieser inhaltlichen Grundkonstellation entsprechend lässt sich der Text formal in zwei Hälften teilen, die allerdings eine Einheit bilden. Teil 1 (Z. 1-9) beschreibt in erzählender Form die Person des Quinctius Caeso, wobei die Beschreibung mit zunehmender Dauer immer negativer wird und das einleitende *ferox* gleichsam immer weiter präzisiert. Quinctius Caeso wird in seinem Widerstand gegen die Tribunen und Plebs durch das von Livius verwendete Vokabular als Heerführer gezeichnet, der im Volk anscheinend Staatsfeinde sieht, die es zu vernichten gilt (*agmine, duce, pulsi, fusa ac fugata*). Er erscheint als Bollwerk gegen die durch die Alliteration *populares procellas* besonders hervorgehobenen Angriffe des Volks, das aber zu weit geht, da es vor entehrender Gewalt nicht zurückschreckt, was das Hendiadyoin *mulcatus nudatusque* abschließend besonders hervorhebt. Doch seine Rechnung geht nur teilweise auf. Denn er kann nicht alle Volkstribune einschüchtern, da ihm in Aulus Verginius ein mutiger Gegner erwächst, der ihn auf Leben und Tod anklagt. Um die Span nung der sich nach und nach zuspitzenden und damit an Dramatik gewinnenden Erzählung noch weiter zu steigern, fügt Livius nun im zweiten Teil – ganz typisch für seine Art zu schreiben – eine direkte Rede an. Er eröffnet sie mit einer rhetorischen Frage, die verdeutlicht, dass das Volk nur eines von beiden haben kann: Quinctius als Bürger Roms oder das Gesetz. Indem er aber sofort darauf einen der gerade verwendeten Begriffe (*legem*) mit einer einräumenden Frage widerruft, holt er zu einem weiteren Schlag gegen Quinctius aus. In drei immer länger werdenden Sätzen (Trikolon) legt er dessen Charakter und Pläne offen: Er ist erstens ein Gegner der Freiheit, der zweitens noch stolzer ist als die Tarquinier und drittens, wenn man ihn nicht bremst, bald wie ein König herrschen wird. Mit dieser sich steigernden Reihe an Vorwürfen legt die Rede weitere Charakterzüge des Quinctius offen. Indem Livius dabei Verginius ganz gezielt politische Schlagwörter gebrauchen lässt (*libertati, superbia, Tarquinios, regnantem*), vollendet er die in Teil 1 mit dem Kriegsvokabular begonnene Charakteristik des Quinctius: Dieser ist ein Mann, der Krieg gegen das eigene Volk führt, ein Gegner der Freiheit, der selbst König werden will, der sogar noch schlimmer als die Tarquinier ist. Und da die meisten die Ansicht des Verginius teilen, nimmt die Sache weiter an Dynamik zu, wie der abschließende, jetzt wieder erzählende Satz verdeutlicht. Die Sache ist noch nicht an ihr Ende gekommen, sondern muss weitergeführt werden (*ad rem peragendam incitabant*).

▶ **Ausblick:** In der hier geschilderten Szene zeigt Livius durchaus Sympathie für das Volk und Abneigung gegen das Verhalten des Quinctius, das er in seiner Überheblichkeit und Grausamkeit offenlegt. Quinctius entpuppt sich damit als negativer Held, der aber für die Intention des Livius genauso wertvoll ist wie seine positiven Helden: Denn er will seine Leser ja erziehen und das geht – vielleicht sogar besser – durch abschreckende Beispiele. Eines davon ist Verginius. Ein anderes wäre der Decemvir Appius Claudius.

8 Cicero: Wortschatz und Grammatik

Text 2: *De rep.* 1,1-2; 8

W

▶ ***saluti*** ← *salus:* Glück, Rettung – ***queratur*** ← *queror / queri:* klagen, sich beklagen – ***virtutem*** ← *virtus:* Tüchtigkeit, Vortrefflichkeit – ***utare*** / *utaris* ← *utor / uti:* benützen, gebrauchen – ***usu*** ← *usus:* Gebrauch, Benutzung

▶ ***necessary*** ~ notwendig, nötig (*necesse; necessitas*) – ***voluptuous*** ~ sinnlich, üppig (*voluptas*) – ***government*** ~ Regierung (*gubernatio; gubernare*) – ***to generate*** ~ hervorbringen, erzeugen (*gignere; generare*) – ***tranquillity*** ~ Ruhe (*tranquillitas; tranquillus*) – ***quiet*** ~ leise, ruhig (*quietus; quies*) – ***utility*** ~ Nutzen, Nützlichkeit (*utilitas; utilis*)

G Subjunktion ut

▶ 1. Wer ist so töricht, dass er glaubt, für sich allein geboren zu sein / dass er für sich allein geboren ist? (konsekutiv) 2. Über alles / alle Dinge sind Gesetze geschrieben (worden), damit niemand irren kann. (final) 3. Kein Buch ist so schlecht, dass es nicht in irgendeiner Hinsicht / zu irgendeinem Teil nützt (konsekutiv). 4. Die Sinnsprüche der Philosophen zeichne ich schriftlich auf / vertraue ich den Schriften an, damit sie der Nachwelt nützlich sind / zum Nutzen gereichen. (final)

G Satzanalyse

- *Quemadmodum urbes magnas atque imperiosas viculis et castellis praeferendas esse* ***puto****,*
  sic eos,
  qui his urbibus consilio atque auctoritate praesint,
  iis,
  qui omnis negotii publici expertes sint,
  longe sapientia ipsa esse anteponendos ***duco****.*

Wie ich meine, dass man große und mächtige Städte kleinen Dörfern und Bergfestungen vorziehen muss, so glaube ich, dass man diejenigen, die diese Städte durch ihren Rat und Einfluss leiten, denen, die gar keine öffentliche Aufgabe innehaben / die ohne Anteil an jeder öffentlichen Aufgabe sind, eben aufgrund ihrer Weisheit bei weitem voranstellen muss.

Text 3: *De rep.* 1,32–34

W

- ***metuere*** (fürchten) ~ *timere* - ***alicui usui esse*** (nützen) ~ *prodesse* - ***existimare*** (einschätzen, meinen) ~ *censere, putare, ducere* - ***disserere*** (erörtern) ~ *disputare*
- ***sapientia*** (Weisheit) ~ *sapere* (Geschmack haben; Verstand haben), *sapiens* (weise) - ***status*** (Stellung; Zustand, Verfassung) ~ *statuere* (aufstellen, festsetzen, beschließen) *statua* (Standbild) - ***peritus*** (erfahren, kundig) ~ *experiri* (versuchen, erfahren) - ***disputatio*** (Erörterung) ~ *disputare* (erörtern)
- relativer Satzanschluss: diese Sache / dieser Umstand - deswegen - unter diesen Umständen - daher, deshalb - hierauf

G AcI

- Bekanntlich verwendete Cicero größte Mühe auf den Staat. / Es ist bekannt, dass ... Wir wissen, dass er als Konsul die Heimat rettete und Vater der Heimat genannt wurde. Als er aber wahrgenommen hatte, dass er im Staat nicht tätig sein konnte, glaubte er, die Philosophie erklären zu müssen. Er hoffte nämlich, durch seine Wissenschaft dem Staat nützlich zu sein / dass er nützlich sein werde.

G Steigerung der Adjektive, Ablativus comparationis

- Wer ist weiser als Sokrates? Dieser wurde bekanntlich sogar der Weiseste von allen genannt. Sehr sorgfältig fragte er nach Tugenden und Fehlern, wie man aus den Büchern der Schüler von Sokrates und besonders aus denen Platons erkennen kann, und zwang möglichst viele Menschen, nach einem Weg zu forschen, besser zu leben.

Text 4: *De rep.* 1,39–42

W

- ***exponere:*** aussetzen, ausstellen; darlegen ↔ ***componere:*** ordnen, abfassen; vergleichen - ***instituere:*** einrichten, unterrichten ↔ ***constituere:*** festsetzen, beschließen ↔ ***destituere:*** zurücklassen, im Stich lassen - ***deligere:*** auswählen ↔ ***colligere:*** sammeln - ***suscipere:*** auf sich nehmen, unternehmen ↔ ***concipere:*** empfangen, erfassen - ***praestare:*** (+ Dat.) voranstehen, übertreffen; (+ Akk.) leisten, gewähren ↔ ***constare:*** bestehen, kosten
- ***consentir*** ~ zustimmen (*consensus, consentire*) - ***naturelle*** ~ natürlich (*naturalis*) - ***singularité*** ~ Originalität (*singularis*) - ***société*** ~ Gesellschaft (*societas*) - ***tolérable*** ~ zumutbar, erträglich (*tolerabilis*)
- nicht ohne Grund - zum Beispiel - aus diesem Grund - er sagte vieles, um mich zu bestärken - wegen seiner Rettung / um seiner Rettung willen - um vorzutragen

G NcI

- Der Ursprung der Philosophie war der Überlieferung nach in Griechenland. / Es wird überliefert, dass... Denn die griechischen Philosophen sollen nach dem Anfang der Welt / der Dinge gefragt haben. Es wird überliefert, dass Thales, weil er offenbar als Erster nach solchen Dingen gefragt hat / gefragt zu haben scheint, der Erste der Philosophen gewesen ist.
- *Ferunt originem philosophiae in Graecia fuisse. Nam dicunt philosophos Graecos de initio rerum quaesivisse. Thalem, quia primus de talibus rebus quaesivisse videtur, primum philosophorum fuisse tradunt.*

G Prädikatives Gerundiv

▶ Jeder Staat muss durch Einsicht und Klugheit geleitet werden (präd. Gerundiv mit *esse*). Diejenigen aber, die sich politisch betätigen wollen, müssen größte Sorgfalt anwenden (präd. Gerundiv mit *esse*). Niemand aber ist dadurch, dass er nichts tut (Gerundium), zur Herrschaft (Gerundium) geeignet. Zum Leiten eines Staats (attr. Gerundiv) müssen die besten Männer ausgewählt werden (präd. Gerundiv mit *esse*). Lasst uns den Staat gerade den Besten zur Leitung übergeben (präd. Gerundiv mit Verb des Gebens)!

▶ 1. Ich muss gehorchen (Dat. auctoris). - Man muss mir gehorchen (Objektsdativ). 2. Die Kinder müssen helfen (Dat. auctoris). - Man muss den Kindern helfen (Objektsdativ).

Text 5: *De rep.* 1,43-45

W

▶ ***pars*** (Teil) ~ *expers* (ohne Anteil, unkundig) - ***gradus*** (Schritt; Stufe, Rang) ~ *gradi* (gehen, schreiten) - ***rex*** (König) ~ *regere* (lenken, leiten) - ***ius*** (Recht) ~ *iustitia* (Gerechtigkeit) - ***pernicies*** (Vernichtung, Untergang) ~ *perniciosus* (verderblich, schädlich) - ***praeceps*** (steil, überstürzt) ~ *praecipitare* (stürzen, sich stürzen) - ***moderari*** (mäßigen; lenken) ~ *modus* (Maß)

▶ ***Partizip*** ~ Mittelwort; teilhabend an den Eigenschaften des Nomens und des Verbums; (*particeps*; *pars*; *capere*, *capio*) - ***moderat*** ~ maßvoll (*moderatus*) - ***Administration*** ~ Verwaltung (*administratio*) - ***Lizenz*** ~ Erlaubnis (*licentia*) - ***mutieren*** ~ sich im Erbbild ändern, sich im Stimmwechsel befinden (*mutatio*)

G esse + Genitiv

▶ 1. Bekanntlich ist es die Aufgabe eines Richters, nach der Wahrheit zu forschen. 2. Es war Pflicht eines Senators, für das Wohl aller Bürger zu sorgen. 3. Für tapfere Männer ist es charakteristisch, den Schmerz geduldig zu ertragen. 4. Zeichen von Weisheit ist es, nichts Unehrenhaftes zu tun. 5. Es ist ein Wesenszug eines hochherzigen Mannes, Reichtum zu vernachlässigen. 6. Es war Aufgabe einer Vestalin, für das Feuer der Vesta zu sorgen. 7. Für einen rechtschaffenen Mann ist es charakteristisch, einen Freund nicht zu täuschen.

G Subjunktion cum, Kondizionalsätze

▶ 1. Als das Volk den Königen gehorcht hatte, wollten die Bürger die Herrschaft den gerechtesten und weisesten Menschen übertragen. 2. Damals, als der Staat in Blüte stand, trafen die Senatoren gute Entscheidungen. 3. Aber wenn der eine den anderen fürchtet, sowohl der Einzelne den Einzelnen, als auch ein gesellschaftlicher Stand den anderen, dann kommt, da ja niemand sich selbst vertraut, gleichsam ein Vertrag zwischen Volk und Machthabern zustande. 4. Da aber ein Tyrann, obwohl er die Gestalt eines Menschen hat (Abl. qualitatis), an der Rohheit seines Charakters dennoch die wilden Tiere übertrifft, sind Gesetze nötig. 5. Die Vernunft (Einsicht) ist aber, wenn sie im Geist des Menschen vollendet ist, das Gesetz. 6. Das Gesetz lehrte uns sowohl alles Übrige als besonders das, was das Schwierigste ist, uns selbst kennenzulernen. 7. Wenn aber nichts besser ist als die Vernunft, hat der Mensch mit Gott Gemeinschaft an der Vernunft. 8. Während aber das Gesetz im Staat Eintracht stiftet, entsteht durch Ungerechtigkeiten Zwietracht (eigtl. Pl.). 9. Wenn es keine Fehler gäbe, wären Gesetze nicht nötig.

▶ **Satz 1:** ***Postquam*** *populus regibus* ***paruit****, cives imperium ad homines iustissimos et sapientissimos deferre voluerunt.* - **Satz 3:** *Sed* ***quotiens*** *alius alium timet et homo hominem et ordo ordinem, tum, quoniam sibi nemo confidit, quasi pactio fit inter populum et potentes.* - **Satz 4:** ***Quia*** *autem tyrannus,* ***quamquam*** *figura* ***est*** *hominis, morum tamen immanitate beluas* ***vincit****, legibus opus est.*

Text 6: *De rep.* 1,65-67

W

▶ ***tueri:*** Inf. Präs. Akt. (*tueri*) - ***attulit:*** 3. Pers. Sg. Ind. Perf. Akt. (*afferre*) - ***conabor:*** 1. Pers. Sg. Fut. Akt. (*conari*) - ***usus:*** Part. Perf. Akt. Nom. Sg. m (*uti*) - ***hausit:*** 3. Pers. Sg. Ind. Perf. Akt. (*haurire*) - ***insequitur:*** 3. Pers. Sg. Ind. Präs. Akt. (*insequi*) - ***vacet:*** 3. Pers. Sg. Konj. Präs. Akt. (*vacare*) - ***spernant:*** 3. Pers. Pl. Konj. Präs. Akt. (*spernere*) - ***adhibeatur:*** 3. Pers. Sg. Konj. Präs. Pass. (*adhibere*) - ***nequeant:*** 3. Pers. Pl. Konj. Präs. Akt. (*nequire*)

▶ ***auferre:*** wegtragen, rauben - ***spolia:*** Beute - ***difficultas:*** Schwierigkeit - ***sitire:*** dürsten - ***lenitas:*** Sanftheit, Milde - ***vacuus:*** leer - ***dominari:*** herrschen - ***quire:*** können

G Deponentia

- Ein gerechter König wird, wenn er seine Macht nicht böse / schimpflich missbraucht / missbraucht hat, der Tüchtigkeit folgen. In der Meinung, er müsse eine bedeutende Aufgabe verrichten, wird er viele Schmerzen erdulden. Er soll immer die Bürger schützen! Im Vertrauen auf die Tüchtigkeit der Bürger soll er danach streben, dass der Staat nicht verfällt / entgleitet. Er soll dadurch Ruhm erreichen, dass er die Sinnsprüche der Philosophen (im Geist) erfasst / erfasst hat. Niemals soll er das Wohl aller vergessen!
- ***veritus:*** Part. Perf. Akt., Nom. Sg. m (*vereri*) - ***reverti:*** Inf. Präs. Akt. / 1. Pers. Sg. Ind. Perf. Akt. (*reverti*) - ***confisus essem:*** 1. Pers. Sg. Konj. Plqpf. Akt. (*confidere*) - ***querar:*** 1. Pers. Sg. Konj. Präs. Akt. / 1. Pers. Sg. Fut. Akt. (*queri*) - ***loquere:*** Imp. I, 2. Pers. Sg. (*loqui*) - ***irascens:*** Part. Präs. Akt., Nom. Sg. (*irasci*)

G Participium coniunctum

- Ein guter König folgt den von der Natur gegebenen Gesetzen, wenn er für das Wohl des Staates sorgt. Ein ungerechter König aber wird, wenn / da er nur auf seine Vorteile achtet, einen Staat, auch wenn dieser gut eingerichtet ist, zugrunde richten. Einen derartigen König werden die Bürger, weil / wenn sie nach Freiheit streben, vertreiben. Oft aber können die Bürger, obschon / wenn sie die Freiheit erhalten haben, den Staat nicht leiten, da sie sich, weil sie ihrer Begierde dienen, nur um sich und ihre Angelegenheiten kümmern.

Text 7: *De rep.* 1,68–69

W

- ***to exist*** ~ vorhanden sein (*exsistere*) - ***contrary*** ~ entgegengesetzt, gegensätzlich (*contrarius; contra*) - ***merit*** ~ Verdienst, Wert (*mereri*) - ***constitution*** ~ Zusammensetzung, Verfassung (*constitutio*) - ***to convert*** ~ umwandeln (*convertere*)
- ***reverti*** (zurückkehren) ~ *redire* - ***nasci*** (geboren werden, entstehen) ~ *exsistere, oriri* - ***immanis*** (ungeheuerlich, entsetzlich) ~ *horribilis* - ***firmitudo*** (Stärke) ~ *robur* - ***praecipitare*** (stürzen) ~ *decidere*

G Relativer Satzanschluss

- Scipio sagte: „Alles zu Große / Jedes Zuviel verwandelt sich ins Gegenteil. Unter diesen Umständen erwächst aus allzu großer Freiheit ein Tyrann. Wenn diesen aber die Optimaten überwältigt haben, haben bessere Männer den Staat inne. Aus diesen entsteht jedoch, wenn sie Reichtum erstreben und sich als kühn erweisen, eine Clique. Weil diese nun dem Staat nicht nützlich ist, werden die Anführer vertrieben und der freie Staat wird wiederhergestellt."

G Substantivierung der Adjektive

- Wenn gute und weise Menschen sich dem Staatsdienst widmen, entsteht Gutes und Nützliches. Denn diese sagen immer die Wahrheit und beziehen alles auf das Gute und Ehrenhafte. Wenn sie sich öffentlich zeigen, erregen sie die Bewunderung der Zuhörer.

Text 8: *De rep.* 2,4–6

W

- ***condere:*** verbergen, gründen ↔ ***perdere:*** verlieren, zugrunde richten ↔ ***prodere:*** überliefern, verraten - ***opprimere:*** niederwerfen, unterdrücken ↔ ***exprimere:*** ausdrücken, darstellen - ***deligere:*** auswählen ↔ ***diligere:*** lieben - ***deducere:*** hinabführen, (Kolonie) gründen ↔ ***producere:*** vorführen, hervorbringen
- 1. Cicero erwies sich als klug. 2. Sonne und Mond bieten den Menschen ein Schauspiel dar. 3. Zeno erwies sich als weise. 4. Zeno übertraf viele an Weisheit. 5. Der Philosoph zeigte / bewies Pflichtgefühl.
- auf dieselbe Weise - auf keine Weise - unter dieser Bedingung - nach Sitte der Vorfahren - zu Recht - zufällig

G Indirekte Fragesätze

- 1. Man muss überlegen, ob der Staat gerecht oder ungerecht ist (Doppelfrage). 2. Es wird gefragt, was der Anfang des Staates ist (Wortfrage). 3. Scipio stellt dar, auf welche Weise allzu große Freiheit in allzu große Knechtschaft verfällt (Wortfrage). 4. Die Philosophen erörtern, ob die Könige den Römern Ehre eingebracht haben (Satzfrage). 5. Vielleicht haben Hirten Romulus aufgehoben und ernährt / aufgezogen (Satzfrage).

G AcI / NcI

▶ Romulus wurde, wie überliefert wird, am Tiber ausgesetzt. Es wurde überliefert, dass Romulus, als er von den Hirten ernährt / aufgezogen war, alle übertroffen hatte. Es steht fest, dass er Alba Longa niedergeworfen und den König Amulius getötet hat. Später soll er Rom gegründet haben. Er hatte nämlich bemerkt,, dass ein geeigneter Platz ausgewählt werden müsse.

Text 9: *De rep.* 3,18–19; 33

W

▶ ***patience*** ~ Geduld (*patientia*; *pati*) – ***séquelle*** ~ Folge (*sequi*) – ***médiocrité*** ~ Mittelmäßigkeit (*mediocris*) – ***congruent*** ~ passend (*congruere*) – ***constant*** ~ gleich bleibend (*constans*; *constare*) – ***frauder*** ~ betrügen (*fraus*)

▶ ***uniuscuiusque:*** Gen. Sg. (*unusquisque*) – ***quidque:*** Nom. / Akk. Sg. n (*quisque*) – ***quaecumque:*** Nom. Sg. f; Nom. / Akk. Pl. n (*quicumque*) – ***quemque:*** Akk. Sg. m (*quisque*) – ***quoque:*** Abl. Sg. m / n (*quisque*)

▶ ***quisquis:*** wer auch immer; jeder, der – ***utcumque:*** wie auch immer – ***ubicumque:*** wo auch immer – ***qualiscumque:*** wie beschaffen auch immer – ***quotquot:*** wie viele auch immer – ***quoquo modo:*** auf welche Weise auch immer

G Konjunktionen

▶ Z. 1: ***autem:*** Einschränkung / Entgegnung (adversativ) – Z. 2: ***at:*** Entgegnung (adversativ) – Z. 4: ***igitur:*** Folgerung (konsekutiv) – Z. 5: ***ex quo***: Folgerung (konsekutiv) – Z. 6: ***vero:*** Entgegnung (adversativ) – Z. 6: ***autem:*** Einschränkung / Entgegnung (adversativ) – Z. 8: ***enim:*** Begründung (kausal) – Z. 10: ***ergo:*** Folgerung (konsekutiv) – Z. 11: ***enim:*** Begründung (kausal) – Z. 11: ***sed:*** Entgegnung (adversativ) – Z. 14: ***igitur:*** Folgerung (konsekutiv)

G Gerundium

▶ Die Menschen sind von Natur aus begierig danach, glücklich zu leben. Die Philosophie aber führt die Menschen zur Tüchtigkeit, indem sie befiehlt oder verbietet / durch Befehlen oder Verbieten. Auch die Natur ist geeignet zum Ermuntern und Ermahnen. Um glücklich zu leben, verbringen die Menschen oft viel Zeit mit Diskutieren. Oft erörtern sie über die Kunst, Wahres vom Falschen zu unterscheiden.

Text 10: *De rep.* 3,24; 27–28

W

▶ ***divitiae*** (Reichtum) ~ *dives* (reich) – ***frui*** (genießen; benutzen) ~ *fructus* (Ertrag, Frucht; Nutzen) – ***dominari*** (herrschen) ~ *dominus* (Herr) – ***efficere*** (bewirken, herstellen) ~ *facinus* (Handlung, Untat) – ***illustris*** (hell; berühmt) ~ *lux* (Licht, Tageslicht) – ***insignis*** (sich auszeichnend; auffallend) ~ *signum* (Zeichen) – ***colere*** (pflegen, verehren) ~ *cultus* (Bildung, Lebensweise; Pflege, Verehrung) – ***demens*** (wahnsinnig, verrückt) ~ *mens* (Geist, Sinn, Verstand; Meinung)

▶ ***accedere:*** herbeikommen, hinzukommen ↔ ***accidere:*** sich ereignen, geschehen – ***omittere:*** aufgeben, beiseite lassen ↔ ***dimittere:*** aufgeben, entlassen – ***colligere:*** sammeln ↔ ***deligere:*** auswählen ↔ ***diligere:*** lieben

G Ablativus qualitatis

▶ 1. Der zehnjährige Junge ist guten Mutes / zuversichtlich. 2. Die Frau besitzt große Begabung und höchste Klugheit. 3. Der Kaufmann, der Kleider und derartige Dinge verkauft, hat einen fröhlichen Gesichtsausdruck.

G Doppelter Akkusativ, NcI

▶ Man glaubt, dass verbrecherische Menschen gottlos sind, weil sie das Gesetz der Natur vernachlässigen, das wir für vortrefflich halten. Das Gesetz der Natur soll aber seinen Anfang bei den Göttern genommen haben. Dieses Gesetz, das die Stoiker die richtige Einsicht nennen, macht die Menschen weise und das Leben glücklich. Wenn wir aber dem Gesetz folgen, erweisen wir uns als unbescholten und haben weise Menschen als Freunde. So leben wir, wie man glaubt, glücklich.

Text 11: *De rep.* 3,34–37

W

- ***exstinguere*** (auslöschen, vernichten) ↔ ***accendere*** (anzünden) – ***melior*** (besser) ↔ ***deterior, peior*** (geringer, schlechter) – ***infirmus*** (schwach) ↔ ***firmus*** (stark)
- ***suscipere*** (auf sich nehmen, unternehmen) ~ *aggredi, incipere* – ***conferre*** (vergleichen) ~ *comparare, componere* – ***interire*** (untergehen) ~ *perire, exstingui* – ***ideo*** (deswegen) ~ *propterea* – ***praeesse*** (an der Spitze stehen, leiten) ~ *imperare; dominari*
- ***suscipi:*** Inf. Präs. Pass. (*suscipere*) – ***intereat:*** 3. Pers. Konj. Präs. Akt. (*interire*) – ***ulciscendi:*** Gerundium Gen. (*ulcisci*) – ***potitus est:*** 3. Pers. Sg. Ind. Perf. Akt. (*potiri*) – ***fieri:*** Inf. Präs. (*fieri*)

G Gerundium und Gerundiv, AcI / NcI

- Cicero sagt, dass in einem Staat die Rechte des Kriegsführens in besonderer Weise bewahrt werden müssen. Kriege freilich müssen, wie es scheint, aus diesem Grund unternommen werden, dass man ohne Unrecht in Frieden lebt; wenn man aber einen Sieg errungen hat, müssen diejenigen bewahrt werden, die im Krieg nicht grausam, nicht unmenschlich waren. Man muss aber immer auf Frieden bedacht sein / für den Frieden sorgen. Es ist klar, dass man freilich auch für die sorgen muss, die man / du gewaltsam besiegt hat / hast; lasst uns die Willkür des Strafens vermeiden! Denn indem wir Schonung gewähren, bleiben wir den Weisungen der Vorfahren treu.

Text 12: *De rep.* 5,1
Text 13: Sallust, *Cat.* 9–10

W

- ***brevitate:*** Abl. Sg. (*brevitas*) – ***vaste:*** Adv. (*vastus*) – ***reddenda:*** Gerundiv Nom. Sg. f (*reddere*) – ***domi:*** Adv. (*domus*) – ***parci:*** Nom. Pl. m (*parcus*)
- ***verità*** ~ Wahrheit (*veritas*) – ***vetusto*** ~ alt (*vetustas, vetus*) – ***colorare*** ~ färben (*color*) – ***discordare*** ~ nicht zusammenstimmen (*discordia; cor*) – ***miserabile*** ~ erbärmlich (*miseria; miser*) – ***invasione*** ~ Einfall (*invadere*)

G Adverbialsätze mit Konjunktiv und Indikativ

- ***nisi ... fuisset:*** kondizional; Irrealis der Vergangenheit – ***cum ... accepisset:*** temporal ~ *postquam ... accepit* – ***ut non ... colantur:*** konsekutiv – ***quod ... vindicatum est:*** faktisch – ***ubi ... invasit:*** temporal ~ *ut (primum) ... invasit; cum primum ... invasit*

Text 14: *De rep.* 6,10–12

W

- ***tradizionale*** ~ traditionell, herkömmlich (*tradere*) – ***eccellente*** ~ ausgezeichnet (*excelsus, excellere*) – ***stellato*** ~ sternenbedeckt (*stella*) – ***trionfo*** ~ Triumph (*triumphus*) – ***assente*** ~ abwesend (*absens*)
- ***tradere,*** *trado, tradidi, traditum* (z. B. Tradition, tradieren) – ***vertere,*** *verto, verti, versum* (z. B. Version) – ***conficere,*** *conficio, confeci, confectum* (z. B. Konfektion) – ***invehi,*** *invehor, invectus sum* (z. B. Invektive) – ***intueri,*** *intueor* (z. B. Intuition)
- ***trade:*** Imp. I 2. Pers. Sg. (*tradere*) – ***coacta:*** Part. Perf. Pass. Nom. Sg. f (*cogere*) – ***excelso:*** Abl. Sg. m (*excelsus*) – ***conficies:*** 2. Pers. Sg. Fut. Akt. (*conficere*) – ***invectus eris:*** 2. Pers. Sg. Fut. II Akt. (*invehi*) – ***intuebuntur:*** 3. Pers. Pl. Fut. Akt. (*intueri*)

G Futur I und II, Prädikativum

- Scipio der Ältere sagt zu seinem Enkel: „Wenn du als Soldat viele Städte zerstört und Kriege geführt hast (Fut. II), wirst du größte Ehren erlangen. Wenn du Triumphe gefeiert und Ämter geführt hast (Fut. II), werden dich als Greis alle verehren; du wirst zu Lebzeiten wie ein Gott verehrt werden. Wenn du unversehrt den frevelhaften Feinden entkommen bist (Fut. II), wirst du als Diktator den Staat leiten."
- 1. Diese Worte habe ich zuerst / als Erster gehört. 2. Diese Worte habe ich zuerst / als erste gehört. 3. Diese Worte habe ich zuerst / zum ersten Mal gehört. 4. Diese Worte habe ich zuerst / zunächst gehört.

Text 15: *De rep.* 6,13–16

W

- ***adiuvare*** (unterstützen, helfen) ~ *auxilio venire, adesse, succurrere* – ***morari*** (sich aufhalten) ~ *versari, esse* – ***tueri*** (schützen) ~ *defendere* – ***e vita migrare*** (sterben) ~ *mori*
- ***adiuverint:*** 3. Pers. Pl. Konj. Perf. Akt. (*adiuvare*) – ***profecti:*** Part. Perf. Akt., Nom. Pl. m (*proficisci*) – ***revertuntur:*** 3. Pers. Pl. Ind. Präs. Akt. (*reverti*) – ***complexus:*** Part. Perf. Akt., Nom. Sg. m (*complecti*) – ***tuerentur:*** 3. Pers. Pl. Konj. Impf. Akt. (*tueri*) – ***migrandum est:*** prädikatives Gerundiv (*migrare*)
- ***hic:*** dieser ↔ ***ille:*** jener – ***hīc***: hier ↔ ***illīc***: dort – ***hūc***: hierher ↔ ***illūc:*** dorthin – ***hinc:*** von hier ↔ ***illinc:*** von dort

G Relativsätze, Gerundiv

- ***conservaverint:*** innere Abhängigkeit (AcI); konsekutiver Nebensinn – ***tuerentur:*** konsekutiver Nebensinn
- Dies ist die Rede, die Sokrates vor den Richtern hielt: „Es fehlt nicht an Leuten, die den Tod für ein Übel halten. Es gibt aber keinen Grund dafür, dass ich den Tod fürchte: Wenn das wahr ist, was man sagt, dass der Tod eine Wanderung in die Gegenden ist, die diejenigen bewohnen, die gestorben sind, muss man den Tod für ein Gut halten. Wenn ich aber zu denen gekommen bin (Fut. II), die in Wahrheit Richter genannt werden, und die getroffen habe (Fut. II), die auf gerechte Weise gelebt haben, werde ich glücklich sein. Der Tod ist also dem so genannten Leben vorzuziehen. Nicht einmal ihr, ihr Richter, müsst den Tod fürchten!

Text 16: *De rep.* 6,26; 29

W

- ***cuiusque:*** Gen. Sg. (*quisque*) – ***quidem:*** Adv. (*quidem*) – ***quadam:*** Abl. Sg. f (*quidam*)
- ***digital*** ~ in Ziffern dargestellt; eigentlich von: zum Zählen benutzter Finger (*digitus*) – ***Fragilität*** ~ Zerbrechlichkeit (*fragilis*) – ***Inklusion*** ~ gleichberechtigte Teilhabe an etwas (*includere*) – ***Kontemplation*** ~ konzentriert-beschauliches Nachdenken (*contemplari*) – ***solvent*** ~ zahlungsfähig (*solvere*)

G Imperativ

- 1. Göttliches sollst du immer betrachten, Menschliches verachten! 2. Fürchtet den Tod nicht! – Übe deinen Geist! 3. Du sollst wissen, dass du sterblich bist! 4. Gebt euch nicht den Vergnügungen des Körpers hin!

G Participium coniunctum

- ***contemplans:*** Part. Präs. Akt., Nom. Sg. (*contemplari*) → *animus* – ***oboedientium:*** Part. Präs. Akt., Gen. Pl. (*oboedire*) → *libidinum* – ***elapsi***: Part. Perf. Akt., Nom. Pl. (*elabi*) → *animi*
- Sokrates erörterte, dass es zwei Wege für die Seelen gäbe, die aus dem Körper herausgingen. Denn für die, die sich mit menschlichen Fehlern befleckt und sich ganz den Begierden hingegeben hätten, gäbe es einen gewissen entlegenen Weg, abgeschlossen von der Versammlung der Götter / Verbindung mit den Göttern; denen aber, die sich untadelig und rein bewahrt hätten, die eine möglichst geringe Berührung mit den Körpern gehabt hätten und in den menschlichen Körpern das Leben der Götter nachgeahmt hätten, denen stehe eine leichte Rückkehr zu jenen offen, von denen sie aufgebrochen seien.

Text 17: *De off.* 1,85–86; 88

W

- ***précepte*** ~ Grundsatz, Gebot (*praeceptum*) – ***désert*** ~ Wüste (*deserere*) – ***clémence*** ~ Milde (*clementia*) – ***sévérité*** ~ Strenge (*severitas*) – ***punir*** ~ bestrafen (*punire*)
- ***obliti:*** Part. Perf. Akt., Nom. Pl. (*oblivisci*) – ***oderit:*** 3. Pers. Sg. Fut. II (*odisse*; Verbum defectivum) – ***quemquam:*** Akk. Sg. m (*quisquam*)
- 1. Ich frage den Freund um Rat. 2. Ich sorge für den Freund. 3. Ich gehe grausam gegen den Freund vor.

G Prädikatives Gerundiv; Ablativus comparationis

- unerwartet schnell – mehr als recht und billig – sonnenklar – lieber als das Leben
- Man muss sich hüten, dass die Strafe mehr als recht und billig ist. Am meisten aber muss man Zorn beim Bestrafen verhindern. Diesen muss man in allen Angelegenheiten zurückweisen und wünschen, dass diejenigen, die den Staat leiten, ähnlich den Gesetzen sind, die

zur Bestrafung nicht von Jähzorn, sondern von Gerechtigkeit geführt werden. Tüchtigkeit aber müssen alle am meisten erstreben - das Vortrefflichste, was es im Menschen gibt / im Vergleich zu der es nichts Vortrefflicheres ... gibt.

Text 18: Aug., *civ.* 19,21

W

- ***falsus*** (falsch) ↔ ***verus*** (wahr) ~ *veritas* (Wahrheit) - ***iustus*** (gerecht) ↔ ***iniustus, iniquus*** (ungerecht) ~ *iustitia* (Gerechtigkeit), *ius* (Recht) - ***aequus*** (gleich, gerecht) ↔ ***iniquus*** (ungleich, ungerecht) ~ *aequor* (Meer), *aequare* (gleichmachen, erreichen)
- z. B.: *dicere, loqui, colloqui, disputare, disserere, declamare, contendere, affirmare, narrare, nuntiare*

G **Doppelter Akkusativ**

- Cicero hält den Staat für eine Sache des Volkes. Das Volk nennt er eine Menge, die durch Recht und Nutzen verbunden ist. Doch Augustinus hält das Recht der Römer nicht für Recht.

9 Cicero: Kompetenztraining

Übersetzen

1.

- Geschätzt sind die Eltern, geschätzt die Kinder, Verwandten, Freunde, aber alle Wertschätzung(en) von allen hat die Heimat allein eingeschlossen. Welcher gutgesinnte Mann zweifelt wohl daran, für diese zu sterben, wenn er ihr damit nützen wird? Umso abscheulicher ist die Rohheit derer, die die Heimat mit jedem (nur erdenklichen) Verbrechen zugrunde richten und mit ihrer völligen Zerstörung sowohl beschäftigt sind als es auch waren. Aber wenn es zu einem (gewissen) Streit darüber kommt, wem (welchen Menschen) am meisten Pflicht erwiesen werden muss, dann sind das an erster Stelle die Heimat und die Eltern, durch deren riesengroße Wohltaten wir verpflichtet sind, an nächster Stelle kommen die Kinder und das ganze Haus, das auf uns allein schaut und keine andere Zuflucht haben kann. Aber bei der Erweisung all dieser Pflichten wird man darauf achten / schauen müssen, was für einen jeden besonders notwendig ist und was jeder auch ohne uns entweder erreichen oder nicht erreichen kann.

2.

- In diesem Staat, in dem ein Einziger ununterbrochene Amtsgewalt hat, zumal wenn es sich um eine königliche handelt, mag es in ihm auch einen Senat geben - wie es damals in Rom war, als es noch Könige gab - ragt dennoch jener Königsname heraus und es ist unmöglich, dass ein derartiger Staat nicht ein Königreich sowohl ist als auch als solches bezeichnet wird. Diese Form des Staates ist aber besonders wandelbar deswegen, weil sie durch die Verfehlung eines einzigen sehr leicht nach der verderblichsten Seite hin verfällt. Denn die königliche Staatsform selbst darf nicht nur nicht kritisiert werden, sondern muss vielleicht den übrigen einfachen (Staatsformen) sogar bei weitem vorgezogen werden, wenn ich irgendeine einfache Staatsform für gut befinden würde, aber nur, so lange sie ihren Zustand beibehält. Dieser Zustand besteht aber darin, dass durch die ununterbrochene Amtsgewalt und Gerechtigkeit eines Einzigen und durch die Weisheit eines Einzigen das Wohlergehen und die Gleichheit und der Frieden der Bürger gelenkt werden. Es fehlt diesem Volk aber vieles, das unter einem König lebt, und ganz besonders die Freiheit.

3.

- Falls du etwas von einem Menschen, der überhaupt nicht / zu keinem Teil nützlich ist, wegen deines eigenen Nutzens wegnimmst, handelst du wohl unmenschlich und gegen das Naturgesetz. Falls du aber jemand / dieser bist, der dem Staat und der Gemeinschaft der Menschen viel Nutzen bringen kann, wenn du am Leben bleibst, falls du (dann) etwas aus diesem Grund einem anderen wegnimmst, darf das wohl nicht kritisiert werden. Fall es sich aber nicht derartig verhält, muss jeder lieber seinen eigenen Nachteil ertragen als dass er von den Vorteilen des anderen etwas wegnehmen darf. Nicht mehr ist also gegen die Natur eine Krankheit als das Streben nach fremden Eigentum, aber die Vernachlässigung des gemeinsamen Nutzens ist gegen die Natur. Sie ist nämlich ungerecht. Deshalb wird das Naturgesetz selbst, das den Nutzen der Menschen bewahrt und erhält, in der Tat entscheiden / beschließen, dass von einem schwachen und unnützen Menschen auf einen weisen, gutgesinnten und tapferen Mann die Sachen, die zum Leben notwendig sind, übertragen werden. Denn, was Phalaris angeht, ist die Entscheidung sehr leicht. Es gibt für uns nämlich keine Gemeinschaft mit

Tyrannen, sondern höchste Trennung, und es ist nicht gegen die Natur, den zu berauben, falls du es kannst, den zu töten ehrenvoll ist, und dieses ganze verderbliche und gottlose Geschlecht (der Tyrannen) muss aus der Gemeinschaft der Menschen entfernt werden.

Interpretieren

- **Überblick:** Cato *maior de senectute* gehört zu den philosophischen Schriften Ciceros. Dieser wandte sich am Ende seines Lebens notgedrungen der Philosophie zu und schuf in wenigen Jahren einen Überblick über die verschiedenen Antworten der griechischen Philosophie auf Fragen der Ethik, Physik und Logik. Dabei stand Cicero als Anhänger der Skeptischen Akademie den Grundüberzeugungen der Stoa stets näher als denen Epikurs, so auch in der zu interpretierenden Textstelle.
- **Einblick:** Der Text besteht aus 5 Sätzen. Diese 5 Sätze legen folgende Gliederung nahe: Satz 1 - Behauptung / These und Beweis1 (Teil 1): Es gibt einen Zusammenhang zwischen dem eigenen Leben und dem, was nach dem Tod passiert. Als *exempla* für diese Behauptung führt Cato die großen Vorfahren des Scipio Aemilianus an: unter anderem dessen Vater Aemilius Paulus, den Sieger über Makedonien 168 v. Chr., und seinen Adoptiv-Großvater Scipio Africanus, den Sieger über Hannibal 202 v. Chr. Unterstrichen wird die Behauptung durch die Präzisierung von *ad posteritatis memoriam pertinere* zu *posteritatem ad se ipsos pertinere.* Die großen Römer sind also der eindeutige Beweis dafür, dass die Behauptung stimmt. Satz 2 und 3 - Beweis 1 (Teil 2): In zwei rhetorischen Fragen führt Cato als weiteres Beispiel sich selbst an: *me tantos labores suscepturum fuisse.* Damit erweist er sich als Anhänger der stoischen Lebensphilosophie, die er in einer weiteren rhetorischen Frage von der epikureischen abgrenzt (*otiosam et quietam aetatem sine ullo labore*). Satz 4: Behauptung 2: Die Seele ist unsterblich (*animi immortales essent*: Das sagt Cato zwar erst in Satz 5, bringt damit aber den Inhalt von Satz 4 auf den Punkt). *Posteritas* betrifft deshalb nicht nur das Leben der auf der Erde nach Catos Tod weiterlebenden Menschen, sondern auch ihn selbst, da alles darauf hindeutet, dass auch er selbst nach dem Tod weiterleben wird, und zwar im eigentlichen Sinn erst dann (*tum denique victurus esset*). Satz 5: Beweis 2: Das Verhalten der oben genannten Vorbilder (*optimi cuiusque*) ist der Beweis für die *immortalitas animi.* Das formuliert Cato allerdings nicht direkt, sondern im verneinten Irrealis, der als Litotes aber erst recht die *immortalitas* der Seele unterstreicht. Damit entpuppt sich aber Cato - und mit ihm Cicero - nicht nur als Stoiker, sondern darüber hinaus zugleich als Platoniker, da nur diese an ein Weiterleben der Seele nach dem Tod glauben.
- **Ausblick:** Die von Cato bzw. Cicero hier im Gefolge der Ideenlehre Platos geäußerte Hoffnung auf ein Leben nach dem Tod war es, was sie zu einem dem Staat gewidmeten - stoischen - Leben antrieb. Ob sie sich für beide bewahrheitet hat, wissen wir nicht. Wir wissen aber, dass nicht viel später Vergil dieselbe Überzeugung in die grandiose Ahnenschau des 6. Buches seiner *Äneis* hat einfließen lassen.

Paraphrasieren

1.

- Im Mittelpunkt des Textes steht das Leben (*vita, vitam, vixisse, vixi, vita*) und dessen Ende (*modum, discedo, proficiscar, discedam*). Der Sprecher (*mihi*) sieht keinen Anlass sich über das Leben und dessen Ende zu beklagen (*deplorare; paenitet*), obwohl es viel Anstrengung (*laboris*) und wenig Annehmlichkeiten (*commodi*) für den Menschen bereithält. Denn das Leben ist nur ein Durchgangsstadium (*commemorandi, hospitio*) hin zu einer besseren, göttlichen Welt (*divinum*), die sich deutlich vom Trubel (*turba et conluvione*) auf der Erde unterscheidet. Darüber ist der Autor nicht traurig, sondern er freut sich (*o praeclarum diem*). Er kann sich nämlich freuen, da er seine Lebenszeit gut genutzt hat (*non frustra me natum existimem*). Dieser Satz offenbart, dass der Sprecher stoisches Gedankengut teilt. Deshalb nimmt er Strapazen auf sich und bringt sich ins Leben der Gesellschaft ein, d.h. wird politisch tätig. Stoische Philosophie ist somit untrennbar mit politischem Einsatz verbunden.

2.

- Im Mittelpunkt des Textes steht die Absicht, einen Irrtum zu beheben (*Errare mihi videntur, qui existimant*). Der Irrtum besteht in der Annahme, dass Philosophen Politiker gering achten (*philosophos contemptores esse eorum, per quos publica administrantur*). Genau das Gegenteil (*ex contrario*) ist der Fall: Niemand ist Politikern dankbarer als die Philosophen (*nulli adversus illos gratiores*), da diese den Philosophen die zum Studium nötige Ruhe schaffen (*frui tranquillo otio*). Deshalb müssen gerade die Philosophen die Politiker wie einen Vater verehren (*ut parentem colant*), da erst die Politiker die Voraussetzung für die Eudämonie (*propositum bene vivendi*) schaffen. Der Zusammenhang zwischen Philosophie und Politik braucht hier deshalb nicht weiter erläutert zu werden, da er sich von selbst ergibt.

Übersetzen

1.

▶ Jener König, über den ich spreche, der sich mit dem Mord des besten Königs befleckt hatte, war wahnsinnig / war nicht von ungeschmälertem Geist. Und weil er selbst die höchste Strafe für sein Verbrechen fürchtete, wollte er, dass er gefürchtet wird. Danach prahlte er gestützt auf seine Siege und seinen Reichtum mit Überheblichkeit und konnte weder seine eigenen Sitten lenken noch die Begierden seiner Angehörigen. Nachdem deshalb sein älterer Sohn der Lucretia, der Ehefrau des Collatinus, Gewalt angetan hatte und die schamhafte und vornehme Frau wegen jenes Unrechts sich selbst mit dem Tod bestraft hatte, da nahm Lucius Brutus, ein Mann, der sich durch Verstand und Tapferkeit auszeichnete, von seinen Mitbürgern jenes ungerechte Joch harter Sklaverei. Obwohl dieser ein Privatmann war, nahm er den ganzen Staat auf sich und lehrte als erster in diesem Staat, dass bei der Bewahrung der Freiheit der Bürger / wenn es um die ... geht niemand Privatmann ist. Auf dessen Veranlassung hin befahl die aufgebrachte Bürgerschaft aufgrund der Erinnerung an den Stolz des Tarquinius, dass sowohl der König selbst als auch seine Kinder als auch die Familie der Tarquinier verbannt sind.

Seht ihr also, wie aus dem König ein Herr geworden ist und durch das Fehlverhalten eines einzigen die Staatsform sich aus einer guten in die allerschlechteste verwandelt hat? Das ist nämlich der Herr über das Volk, den die Griechen Tyrann nennen. Denn sie wollen, dass (nur) jener König ist, der wie ein Vater für das Volk sorgt und die, denen er vorgesetzt ist, in der bestmöglichen Lebensbedingung erhält – fürwahr eine gute Staatsform, wie ich gesagt habe, die aber dennoch zum verderblichsten Zustand hin geneigt ist.

2.

▶ Wie von zwei Weisen der, der in höherem Alter gestorben ist, nicht glücklicher ist als der, dessen Tugend innerhalb von weniger Jahren begrenzt worden ist, so übertrifft (ein) Gott einen Weisen nicht an Glück, auch wenn er ihn an Alter übertrifft: Die Tugend, die länger dauert, ist nämlich nicht größer. Jupiter hat alles, aber er hat es doch wohl anderen als Besitz / zu Habendes übergeben. Auf ihn selbst bezieht sich dieser Gebrauch allein darin, dass er die Ursache des Gebrauchs von allem ist / dass er für alle die Ursache etwas zu gebrauchen ist. Ein Weiser sieht und verachtet bei anderen alles so gelassen wie Jupiter und in dem Punkt bewundert er sich sogar mehr, dass Jupiter jene Sachen nicht gebrauchen kann, ein Weiser sie aber nicht gebrauchen will. Lass uns deshalb dem Sextius glauben, der einen wunderschönen Weg aufzeigt und laut ruft „so / auf diesem Weg geht man zu den Sternen, so geht man gemäß der Anspruchslosigkeit, so gemäß der Besonnenheit, so gemäß der Tapferkeit". Die Götter sind nicht mäkelnd, sie sind auch nicht neidisch. Sie sind nahbar / gestatten den Zutritt und reichen den Aufsteigenden die Hand.

Wunderst du dich, dass ein Mensch zu den Göttern geht? Gott kommt zu den Menschen, ja im Gegenteil, was noch näher ist, er kommt in die Menschen. Denn keine gute Gesinnung ist ohne Gott. In den Körpern der Menschen sind göttliche Samen verstreut. Wenn diese ein guter Bebauer / Verehrer aufnimmt, kommt etwas heraus, was dem Ursprung ähnlich ist, und es erhebt sich etwas, was dem gleich ist, aus dem es entstanden ist. Wenn sie ein schlechter Bebauer aufnimmt, tötet er sie nicht anders ab als ein unfruchtbarer und sumpfiger Boden und bringt dann anstelle von Getreide / Früchten nur Unrat hervor. Lebe wohl!

3.

▶ So lange musst du / muss man lernen, wie du lebst, wie (lange) du lebst. Ich lehre dennoch dort auch etwas. Du fragst, was ich lehre? Dass auch ein alter Mann noch lernen muss. Ich schäme mich aber des Menschengeschlechts, jedes Mal wenn ich die Schule betreten habe. Derjenige, der das Haus des Metronax aufsucht, muss, wie du weißt, am Theater von Neapel selbst vorbeigehen. Jenes ist freilich vollgestopft und mit riesigem Eifer wird entschieden / beurteilt, wer ein guter Flötenspieler ist. Auch ein griechischer Trompeter und ein Ausrufer haben Zulauf. Doch an jenem Ort, an dem ein gutgesinnter Mann gesucht wird, an dem ein gutgesinnter Mann zu sein gelernt wird, sitzen nur sehr wenige – und den meisten scheint es, dass diese nichts Vernünftiges zu tun haben / keine gute Aufgabe haben, die sie durchführen können. Man nennt sie albern und faul. Hoffentlich wird auch mir dieses Gespött zuteil! Gelassen / mit Gleichmut müssen nämlich die Schmähungen der Ahnungslosen angehört werden und der, der dem Ehrenhaften zustrebt, muss diese Verachtung selbst verachten.

Mach weiter, Lucilius, und beeile dich, damit dir nicht dasselbe geschieht, wie mir, nämlich dass du erst als alter Mann lernst! Beeile dich deshalb im Gegenteil umso mehr, weil du ja das nun in Angriff genommen hast, was du kaum noch als alter Mann vollständig lernen kannst. Du fragst „Wie viel an Fortschritt werde ich erzielen?" So viel, wie du es versuchst. Worauf / Was wartest du noch? Keinem noch ist es durch Zufall geglückt, weise zu sein. Geld wird von selbst kommen, ein Ehrenamt wird dir angetragen werden, Ansehen und Würde werden dir vielleicht aufgenötigt. Die Tugend aber wird nicht (von selbst) auf dich fallen. Sie wird nicht einmal mit leichter Arbeit oder geringer Mühe erkannt.

Aufgabenteil: Anforderungsbereich 1

▶ Stilmittel erkennen

a) Alliteration: *conservanda civium; concitata civitas* – Hyperbaton: *conservanda ... libertate* – Polysyndeton + Trikolon + Klimax + Parallelismus: *et regem ipsum et liberos eius et gentem Tarquiniorum*

b) Anapher + Aufzählung (Enumeratio): *hac ..., hac ..., hac ..., hac* – Asyndeton + Parallelismus + Trikolon + Klimax: *hac secundum frugalitatem, hac secundum temperantiam, hac secundum fortitudinem* – Ellipse: *hac (itur) secundum*

c) Parallelismus + Trikolon + Klimax + Asyndeton: *Pecunia veniet, honor offeretur, gratia ac dignitas ingerentur* – Hendiadyoin: *gratia ac dignitas* – Antithese: *pecunia ... honor ... gratia ac dignitas* ↔ *virtus non*

▶ Wortfelder erschließen / Wortformen zuordnen

a) „Herrschaft": z. B. *rex, regnum, tyrannus, dominatio, imperium, imperator* – „Tugend": z. B. *virtus, temperantia, frugalitas, fortitudo, sapientia, honestum, bonum* – „Lernen": *discipulus, disciplina, schola, doctrina, magister, praeceptor, praeceptum*

b) *complosis – absentibus – confusa – mirantium*

c) *condenda – amandi – defendendo – detrahendis*

▶ Metrik analysieren

a) *Perge modo atque hinc te reginae ad limina perfer!*
– ∪ ∪| – –| – – | – – |– ∪∪|– –

Aspice bis senos laetantes agmine cycnos!
–∪∪| – – |– –|– – | –∪∪| – –

b) *Hoc erat in votis: modus agri non ita magnus,*
– ∪∪|– – |– ∪∪|– –| – ∪∪ | – –

hortus ubi et tecti vicinus iugis aquae fons.
– ∪ ∪|– –| – –|–– |– ∪ ∪| – –

c) *Saepe tibi studioso animo verba ante requirens*
–∪ ∪|–∪∪|–∪∪|– – | – ∪ ∪| – –

carmina uti possem vertere Batti adae.
– ∪∪ |– – |–| |–∪∪ | –∪∪ | –

▶ Syntax analysieren

a) **HS** Tuli graviter et acerbe, iudices, in eum me locum adduci,
  NS1 ut aut eos homines spes falleret,
    NS2 qui opem a me atque auxilium petissent,
  NS1 aut ego,
    NS2 qui me ad defendendos homines ab ineunte adulescentia dedissem,
  NS1 tempore atque officio coactus ad accusandum traducerer.

b) **NS1** Sed antequam ad eam orationem venio
    NS2 quae est propria vestrae quaestionis
HS videntur ea mihi esse refutanda
  NS1 quae et in senatu ab inimicis saepe iactata sunt
      et in contione ab improbis et paulo ante ab accusatoribus
  NS1 ut omni errore sublato rem plane
    NS2 quae veniat in iudicium
  NS1 videre possitis.

Hinweis: Der Nebensatz *ut omni* ... hängt nicht vom Nebensatz *quae ... accusatoribus* ab, sondern vom Hauptsatz *videntur ... refutanda*. Deshalb liegt ein Nebensatz erster Ordnung vor.

▶ **Sachwissen wiedergeben bzw. anwenden**

a) Seit Lucilius ist die römische Satire gekennzeichnet durch den Hexameter und die darin unter Rekurs auf populärphilosophisches griechisches Gedankengut (Diatribe) zum Ausdruck gebrachte persönliche Meinungsäußerung, z. B. in Form von Verurteilung allgemein menschlicher Schwächen in witziger Form oder polemischer Gesellschaftskritik.

b) 1 C - 2 B - 3 A - 4 D

c) Genannt werden können: Ara Pacis; Forum Augusti; Apollo-Tempel auf dem Palatin; Wohnhaus auf dem Palatin; Gemma Augustea; Statue des Augustus von Prima Porta.

d) 1 C - 2 D - 3 B - 4 A

Aufgabenteil: Anforderungsbereich 2

▶ **Fremdsprachliche Texte verstehen**

a) Benito Mussolini hatte eine starke Zuneigung für Julius Cäsar; seit der Eroberung Äthiopiens 1936 präsentierte er sich allerdings der Öffentlichkeit als neuer Augustus. / ***sempre*** ← *semper* - ***annuncio*** ← *annuntiare*; *annuntiatio* - ***resurrezione*** ← *resurgere*; *resurrectio* - ***nuovo*** ← *novus*

b) Das Ende der Bürgerkriege wurde als Epoche des Friedens und Überflusses präsentiert. Eine wesentliche Rolle spielten dabei die Gedichte von Vergil und Horaz bzw. der von Mäzenas gegründete Zirkel von Intellektuellen. / ***civili*** ← *civilis*; *civis* - ***abbondanza*** ← *abundantia* - ***Orazio*** ← *Horatius* - ***tutti*** ← *totus*

▶ **Philosophische Systeme erkennen**

a) Stoa: Verschmähung von Lust (*respueret omnes voluptates*); Vita activa (*labor corporis; non quies*); Streben nach *virtus* bzw. *honestum* (*nihil in vita expetendum putaret, nisi quod esset cum laude et cum dignitate coniunctum*).

b) Epikur: Gewinnung von Lust bzw. Vermeidung von Schmerz als Lebensziel (*et appetendi et refugiendi initia proficiscuntur aut a voluptate aut a dolore*); das höchste Gut ist die Lust bzw. das *iucundum* (*ut cum voluptate vivatur est vel summum bonorum vel ultimum vel extremum; summum esse bonum iucunde vivere*).

▶ **Wesentliche Aspekte der gelesenen Autoren nachweisen, erkennen und / oder erläutern**

a) Unter *pietas* verstanden die Römer entweder die Frömmigkeit gegenüber den Göttern (*pietas erga deos*) oder das Verantwortungsbewusstsein bzw. die Liebe den Eltern gegenüber (*pietas erga parentes*) oder die Loyalität zum Vaterland (*pietas erga patriam*). Da sich Augustus ganz besonders die *pietas* auf seine Fahnen schrieb, stellt auch Vergil seinen Äneas, den er als Allegorie auf Augustus konzipiert, als *pius* dar. So legitimiert Äneas das Vorgehen des Augustus, da dieser dessen Vorbild zu folgen scheint, so v.a. auch bei der der *pietas* geschuldeten Tötung bzw. Verfolgung der Mörder seines Adoptivvaters Cäsar, die offensichtlich in Analogie zur Tötung des Turnus durch Äneas steht, der sich damit als *pius* gegenüber dem Vater des von Turnus getöteten Pallas erweist.

b) In dem Satz werden die drei Werke genannt bzw. umschrieben, die ein „Ich" gesungen, d.h. gedichtet hat. Die Weiden (*pascua*) stehen für Hirtengedichte (Eklogen), das Land (*rura*) steht für die dem Landbau gewidmeten *Georgica* und die Heerführer (*duces*) stehen für die von Heerführern und ihren Taten geprägte *Äneis*. Das einzige uns aus der Antike bekannte „Ich", das diese drei Themen besungen hat (*cecini*), ist Vergil.

c) Als Schriftsteller, die zur „Überhöhung" des Augustus beigetragen haben, können mit Sicherheit Vergil und Horaz genannt werden. Die größte Nähe zu Augustus weist wohl Vergil auf, der diesen v.a. in seiner *Äneis* überhöht, indem er ihn in den Ausblicken der *Äneis* als vom *fatum* für Rom vorherbestimmten Vollender der römischen Geschichte darstellt. Kritischer als Vergil wird Augustus zumindest anfangs von Horaz gesehen. Doch im Lauf der Zeit trägt auch er zu dessen Überhöhung bei, selbst wenn er eine gewisse Distanz zu ihm hält. Aber vor allem in seinen Oden (*carmina*) verleiht er Augustus nahezu göttergleiche Züge. Livius steht gewiss auch im Dienst des augusteischen Erneuerungsprogramms, da er in seinem Geschichtswerk vor Augen stellt, worin die von Augustus gepriesenen *mores maiorum*, die Rom groß gemacht haben, bestehen. Für ein abschließendes Urteil wäre aber die Kenntnis der Dekaden des livianischen Geschichtswerks nötig, die die Zeit des Augustus behandeln. Aus Ovids Werk wird durchaus Respekt für Augustus deutlich, zu seiner Überhöhung dürfte er aber nicht beigetragen haben, eher stellt er ein Korrektiv zu dieser dar. Gerade seine Verbannung wirft einen Schatten auf das ansonsten makellose Image des Augustus. Dass dieser so erhaben war, wie es sein Name zum Ausdruck bringt, bestreitet ca. 100 Jahre nach seinem Tod Tacitus in seinen Annalen. Spätestens jetzt macht sich bei Schriftstellern auch eine kritische Sicht des Augustus bemerkbar, nicht aber bei Kaisern wie Hadrian oder Antoninus Pius, die gewissermaßen eine erste augusteische Renaissance herbeiführen.

d) Was „parodieren" bedeutet, lässt sich am deutlichsten anhand eines Vergleichs aus der Moderne erklären: So stellt z. B. Bully Herbigs „Schuh des Manitu" ein Parodie von Karl Mays Winnetou dar, die man nur dann richtig verstehen kann, wenn man das Vorbild kennt. Im Allgemeinen wird in Petrons *Cena Trimalchionis* das Leben der reichen Freigelassenen in ihren Villen am Golf von Neapel parodiert. Ihre Profilierungs- und Verschwendungssucht ebenso wie ihr unnatürliches Gehabe und Banausentum. Im Besonderen wird mit dem plötzlichen Erscheinen des Habinnas und seines Gefolges der Auftritt des Alkibiades in Platons *Symposion* parodiert. In den theatralischen Einzelszenen mit Fortunata oder in den Auftritten verschiedener Sklaven bzw. des Trimalchio selbst werden Elemente der Komödie parodiert. Was den Gesamtentwurf des Romans betrifft, werden in der Grundkonstellation eines Liebespaares (das allerdings aus zwei Männern besteht) und in den Motiven der Irrfahrt und Trennung der Protagonisten Elemente des Liebesromans parodiert. In der Thematik der Irrfahrten und des Fluchs eines Gottes (hier des Priapos), der die Helden verfolgt, werden Motive des Epos (*Odyssee*) parodiert.

e) Trimalchio protzt mit seinem Reichtum, den er zur Schau stellt (*lautitias mirantibus*). Er zeigt eine Vorliebe für alles, was mit dem Tod zusammenhängt (*larvam argenteam*), so lässt er ja auch sein Begräbnis schon einmal im Voraus durchspielen. Er weist ungewöhnliche, wenn nicht unkultivierte Tischmanieren auf und benutzt das Gastmahl als Bühne für sich selbst und seine Spielchen (*Hanc cum super mensam semel iterumque abiecisset*), für die er aber offenbar Zuschauer und Zuhörer braucht. Außerdem versucht er sich als Philosoph (*Eheu nos miseros, quam totus homuncio nil est!*) und Dichter. Allerdings offenbart er dabei sein Banausentum in Versmaß (das Versmaß ist missglückt) und Sprache. In Wirklichkeit ist er eher ein „Philosoff", wie der letze Satz andeutet (*Ergo vivamus, dum licet esse bene!*).

f) Der Liedtext zeichnet sich durch Gedanken aus, die den Gedanken Epikurs sehr ähnlich sind: Ein wesentliches Anliegen Epikurs war es, die Lebenszeit richtig zu nutzen (Leben und Zeit). Dies gelingt, indem man nach Lust (Liebe) strebt bzw. wenn man frei von Schmerzen (Leid) ist. Da aber letztlich alles vergänglich ist (irgendwann alles Vergangenheit), muss man jetzt leben - wobei aber nicht ein aktives, sondern ein zurückgezogenes Leben gemeint ist (sitze ich da) - und jeden Augenblick genießen, so wie es der Epikureer Horaz empfiehlt: *carpe diem!*

g) Vergleich mit Stoa: Da der stoische Weg zum Glück ein tätiger Weg ist, d.h. jeder seines Glückes Schmied ist, ist Selbsthilfe der Stoa nicht fremd. Außerdem hängt das Glück mit dem Besitz der *virtus* zusammen. Diese ist eng mit der dem Menschen innewohnenden, ihm von den Göttern geschenkten *ratio* verknüpft, die ihn als göttlicher Funke mit seinem göttlichen Urgrund verbindet. Deshalb kann man durchaus Selbsthilfe mit Gotteshilfe in eins setzen. Vergleich mit Epikur: Aus epikureischer Sicht haben die Götter keinen Anteil am Glück. Der Mensch kann sich zwar selbst zum Glück verhelfen, aber eben gerade dadurch, dass er den Glauben an das Eingreifen der Götter in die Welt ablehnt und sich im klugen Misstrauen gegen die Möglichkeit der Aufrechterhaltung des Seelenfriedens inmitten des Treibens der Politik auf das Land zurückzieht. Selbsthilfe kennt also Epikur sehr wohl, die Hilfe Gottes aber ist ihm fremd.

h) Cicero geht von der Gültigkeit des Verfassungskreislaufes aus (*se inflexit hic rex in dominatum iniustiorem, fit continuo tyrannus*). Die Tyrannenherrschaft ist für ihn dabei die schlechteste Regierungsform (*neque taetrius neque foedius*). Der Grund dafür ist, dass unter einem Tyrannen wesentliche Aspekte des States aufgehoben sind: die Rechtsgemeinschaft (*iuris communionem*) und die auf Menschlichkeit beruhende Verbindung der Bürger untereinander (*humanitatis societatem*).

i) Nach dem Verfassungskreislauf des Polybios folgt auf die Monarchie die Tyrannis, die von einer Aristokratie abgelöst wird, auf die eine Plutokratie folgt, die dann einer Demokratie weichen muss, die in eine Ochlokratie umschlägt und schließlich wieder von einer Monarchie abgelöst wird. Cicero glaubt, dass diese Gesetzmäßigkeit durch die sogenannte gemischte Verfassung aufgehoben werden kann. Diese bündelt die Vorteile der drei guten Verfassungen und versucht durch eine geschickte Kombination aus monarchischem (Konsuln), aristokratischem (Senat) und demokratischem Element (Volksversammlung) einen Umschwung zum Schlechteren zu vermeiden, was in Rom im Wesentlichen lange Zeit auch gelang.

j) Genannt werden können Mucius Scaevola, Horatius Cocles, Cloelia, Cincinnatus, Scipio Africanus, aber auch Lucretia bzw. Menenius Agrippa. Diese können grundsätzlich natürlich auch für heutige Jugendliche als Vorbilder dienen, da sich aus ihrem Vorbild Maßstäbe für gutes und schlechtes Handeln ableiten lassen. Insbesondere im Hinblick darauf, dass alle diese Helden egoistische Ziele hintanstellen und sich in den Dienst der Gemeinschaft stellen, können auch heutige Jugendliche durchaus etwas lernen. Eher befremden dürfte es viele Jugendliche heute aber, dass es sich bei den römischen Helden nahezu ausschließlich um Kriegshelden handelt. Zudem zeichnen sich etliche der Helden durch eine nahezu unmenschliche Härte oder Konsequenz aus. Aber gerade in dieser Übertreibung können sie ein gutes Korrektiv für das eigene Handeln darstellen.

k) Die Episode stammt aus dem ersten Buch von *Ab urbe condita*. In diesem Buch schildert Livius Ereignisse der Königszeit. Er bewegt sich damit wie Vergil in einer weit zurückliegenden Zeit. Im Zusammenhang mit dem Janustempel öffnet Livius hier aber gleichsam ein Fenster in die Zukunft, das Augustus in die Handlung einblendet (*iterum - quod nostrae aetati di dederunt, ut videremus - post bellum Actiacum ab imperatore Caesare Augusto*) und diesen als Friedensbringer lobt (*pace terra marique parta*). Damit verfährt Livius hier nahezu genauso, wie es Vergil in seinen drei großen „Blickfenstern" der Jupiterrede, der Ahnenschau und der Schildbeschreibung macht, in denen er in die Handlungszeit der *Äneis* Ausblicke auf die Zeit des Augustus einflicht und diesen als Zielpunkt der Geschichte darstellt.